現代哲学への招待
Invitation to Contemporary Philosophy
監修 丹治信春 Supervised by Nobuharu Tanji
Japanese Philosophers

［増補版］

穴と境界 存在論的探究

Holes and Boundaries:
An Ontological Investigation

加地大介
Daisuke Kachi

春秋社

私たちの両親に

はじめに

本書は、二つのことを目的としている。ひとつは、題名のとおり、穴と境界についての存在論的考察を行うことである。もうひとつは、そのような考察の過程で、分析形而上学と呼ばれる現代形而上学、特に存在論を中核としたタイプの分析形而上学における種々の概念や方法論を紹介することである。

しかしなぜ、よりによって穴と境界なのか？　それには、いま述べた二つの目的に即したそれぞれの理由がある。

ひとつは、それらが存在論的に（少なくとも私にとって）きわめて興味深い対象だからである。私は目下の課題として、「もの」を中心とした存在論、いわゆる実体主義的存在論を現代的な形で再構築するということを試みている。そしてその課題のもとで穴と境界を眺めたとき、それらは「ものもどき」ともいうべき微妙な性質を持っている。穴と境界は、持続的に存在する全体的対象と考え得るという点で実体的性格を有するが、しかしある種の存在論的依存性から免れ得ないという点で、完全な実体とは言えないからである。その結果として、穴と境界の存在論的性格について考察する作業は、いわば「ものの限界」にその「外側から」迫っていくという意義を持つことにもなる（特に境界の場合は、それが文字どおりの意味で物体の限界でもあるという点においても）。

そして、もうひとつの理由は、穴と境界は、存在論的考察のための種々の概念や方法論への導入という教育的観点からも好ましい面を持つかもしれないということである。というのも穴と境界は、目に付きやすい形で私たちの周りにありふれている、ごく日常的な対象である。それでいて存在論的観点からすると、存在と無、具体と抽象、物質と非物質、「もの」と「こと」の狭間で鵺《ぬえ》のようにうごめいている、「ニッチな」奴らだからである。このような事情により、穴と境界は、まさしく「いまそこにある謎」として自然に存在論の世界へと誘ってくれる。そしてそのニッチな性格によって、様々な存在者への案内人の役割を果たしてくれるのである。

本書は、三つの章とひとつの付論から成っている。第1章では、存在論的考察の典型例であるカテゴリー論の現代的バージョンをいくつか紹介しながら、諸々の存在論的基本概念を少しずつ導入していく。第2章と第3章ではそれぞれ、折に触れて解説的部分も交えながら穴と境界についての存在論的考察を展開していくことにより、特定の対象に関する存在論的議論の具体的なかたちを示す。そして最後に付論として、現代的存在論の代表例としての「形式存在論（フォーマル・オントロジー）」の最近の動向を紹介すると同時に、本論の全三章では簡略にしか触れられなかったいくつかの重要な形式存在論的概念について、補足的な説明を行う。付論はこの意味でレファレンス的な役割も担っているので、内容自体はやや専門的であるが、そのぶん初学者向けの解説的な註も比較的多く付されている。

以上がいちおうの全体構成であるが、冒頭に述べた二つの目的が、各章（および付論）どうしのつながりを必ずしもタイトではないものにしている。どちらかと言えば、第1章と付論は解説的要素が大きく、第2章と第3章は探究的要素が大きい。特に第1章は、穴と境界についての考察のみを視野においたものではなく、存在論という領域に馴染みの薄い人に一種のウォームアップをしてもらうことを主目的としているので、第2、3章での議論のための不可欠な前提というほどではない。したがって、すでに存在論的諸概念には習熟しており、ひたすら穴と境界にのみ興味がある人（そんな人はあまりいそうにないが）は、第2章から読み始めても構わない。また、逆に穴と境界などというマイナーな対象には関心が無く、むしろ存在論を中核とした現代（分析）形而上学の概要だけ知りたい人（そんな人は本書を買わないだろうが）は、第1章に続いてただちに付論を読む方が効率的だろう。第2章と第3章のつながりも、他に比べれば緊密だが、それぞれを単独に読むこともさほど支障なくできるはずである。極端に言えば、お好みの順序でお好みの部分だけ読んでいただいて構わないということになる。
筆者としては、「穴と境界について考察する」という、しかも「存在論的に」考察するなどという、どう甘く見積もっても尋常とは言えない企てに多少なりともお付き合いいただけるだけで、このうえない幸いである。

二〇〇八年一月一日

加地大介

穴と境界　目次

第1章　存在のかたち

1　現代形而上学をとりまく事情と存在論

本書では、穴と境界についての存在論的考察を行う。しかし、そもそも存在論的考察とはどのような考察なのだろうか。アリストテレスに従えば、それは「存在としての存在」について考察すること、つまり、存在について最も一般的なレベルにおいて考察することである（『形而上学』Γ 1003a20）。そして、「存在について最も一般的なレベルにおいて考察する」ということのひとつの形態は、「存在のモード（Modes of Being）」「存在のかたち（Ways of Being）」にはどのような種類のものがあるのか（またはあり得るのか）、そしてそれらはどのように関係し合うのか、ということについて、できるだけ一般的な観点から考察することである。第1章では、このような意味での存在論的考察の典型例をいくつか概観しながら、その基本的な方法論や重要概念を浮かび上がらせることにより、次章以降での穴と境界に関する具体的な存在論的考察に対する予備的な展望を与えておきたい。

哲学の一分野を表す名称としての「形而上学（Metaphysics）」と「存在論（Ontology）」は、ほとんど同義語であるかのようにしばしば併記して用いられるが、その場合少なくとも最近は、どちらかと言えば「形而上学」が先に置かれ、さらに何かを強調したいときに「存在論」が付記される場合が多いようだ。この点に関してはいくつかの事情が思い当たる。そのひとつは、歴史的経緯に着目した場合、「形而上学」という名称の方が古く由緒正しいが、特に現代ではその意味が非常に拡散しているということである。よく知られているように、「形而上学」という名称はアリストテレスに由来している。アリストテレスは、哲学における最も中心的分野としての「第一哲学」の地位を「存在としての存在」について考察するという課題を果たす学としての存在論に与えた。そして、たまたまそのような考察が行われている諸巻が、自然学的考察が行われている諸巻の直後に置かれたために、「自然学」を表す'physics'の後の巻という意味で'meta-physics'と呼ばれたという偶然的事情が、「形而上学」という名称の由来である。

このような由来は、「形而上学」という名称の意味の拡散をいくぶんかは説明してくれる。第一に、「形而上学」という名称は、今述べたような偶然的事情によるものであって、その言葉自体には内容的な意味が含まれていないということである。つまり「形而上学」という言葉は、その適用の自由度がもともと高かったと言える。第二に、それはアリストテレスにおける「第一哲学」であったという点によって、その内実がどうであれ、哲学における最も中心的な分野であるという意味での「第一哲学」という地位を代替するようなものであれば、それを「形而上学」と呼ぶことが許されるという考え方もあり得るだろう。

実際、少なくとも直接的には「存在」に関わらない形での現代における「形而上学」の定義がいくつか存在する。例えば、ストローソン（P. F. Strawson）は、自らもその構築を企てた「記述的形而上学（descriptive metaphysics）」の課題を、「世界にかんするわれわれの思惟の現実の構造を記述すること」と規定し、その目的を「われわれの概念構造のもっとも一般的な特色を明らかにすること」に求めた。(1) 彼は、記述的形而上学を展開した過去の哲学者として、アリストテレスとカントを挙げているが、そもそも両者が想定していた「形而上学」を同一視できるのかという点において大きな疑問である。例えば同じ「カテゴリー」という言葉によって表されるものも、アリストテレスにとっては、最も基礎的な「存在者」あるいは「存在様式」であったのに対し、カントにとっては我々のア・プリオリな「認識形式」であった。だとすれば、カントがアリストテレスの十のカテゴリーを恣意的だとして非難し、形式論理学をもとにして導き出された自らの十二のカテゴリーの統一性を誇るのは、あるいはまったくのお門違いかもしれない。(2) 仮にカテゴリーが存在者の種類であり、何らかの形で自己も含めて世界全体を見渡した結果、ともあれ十種類の異なる基礎的存在者が見出されてしまったとしたら、その根拠如何を問わず、それはそのまま受け入れるしかないであろう。アリストテレスにとっては、あくまでも存在が我々の思考を規定するのであって、存在者としてのカテゴリーがわれわれの思考のあるべき姿によって規定されるなどというのは、ほとんどナンセンスだったのではないだろうか。そして、ストローソンによる形而上学の規定が、アリストテレスのような存在論的枠組みではなく、カントの超越論的認識論の図式に沿ったものであることは明らかであろう。すなわち、彼にとっては、形而上学とは、世界における存在者の探求というよりは、あくまでも我々の概念図式の探求なのである。

また、ダメット（M. Dummett）も、あらゆる哲学の基盤にあるのが、存在論や認識論ではなく、意味の理論あるいは言語哲学だという、彼が解釈するところのフレーゲ（G. Frege）の確信を受け入れることをもって自らの哲学の出発点とし、実在論対反実在論という伝統的な存在論的対立を、言語の意味理論が二値原理にもとづく論理を採用すべきか否かという問題に帰着させるべきであることを主張した。(3) したがってダメットの場合、解決すべき課題自体は伝統的な形而上学から受け継ぎながらも、アリストテレスの言う意味での「第一哲学」の地位を占めるべき分野としては、存在論ではなく言語哲学を指定しているということになる。

しかし、仮にそのようなダメットの図式を受け入れて「言語」を哲学の中枢に据えたとしても、言語というものに哲学的にアプローチする方法自体がいくつかあり得るだろう。ひとつの方法は、おそらくダメットが大筋において構想しているような、私たちの言語の意味理解というものを中心に据え、私たちが持つ認識や検証の制約を重視しながら言語というものを捉えようとする、認識論主導型の言語論である。しかし一方、言語というものを広い意味でのひとつの対象もしくは現象として捉え、その存在論的な構造や性格を把握することによって言語の本質に迫ろうとする、存在論主導型の言語論というものも考え得るのではなかろうか。実際、皮肉にもダメット自身、言語的カテゴリーが存在論的・論理的カテゴリーに先行することを立証しようとする過程で、固有名に純粋に言語的な判別基準を与える際の困難に直面し、それに対処するための基準として、「属性は反対（の属性）をもつが、実体は反対をもたない」という「存在論的」以外の何ものでもないアリストテレスの基準に訴えざるを得なかったようである。[4] このことからもわかるように、言語へと考察の場面を移したところで、それによって存在論的問題を完全に回避できるという保証はなく、ただ従来の存在論的問題を、言語にまつわる存在論的問題へと先送りしただけかもしれないのである。

現代形而上学を取り巻くこのような状況に鑑みたとき、「存在論」という名称の意義が浮かび上がってくる。「存在論」という名称は、十七世紀初めにドイツの哲学者ルドルフ・ゴクレニウス（Rudolf Goclenius, 1547-1628）もしくはスイスの哲学者ヤコブ・ロルハルド（Jacobo Lorhardo, 1591-1609）がギリシャ語で「存在」を表す語である'on'を用いて作った造語であると言われている。[5] したがって、すでに誕生から四世紀を経ているという点では十分に由緒正しいといえるが、「形而上学」に比べればその歴史ははるかに浅い。しかし他方、その語源を内蔵していることによって、「存在論」が文字どおり「存在」を研究対象とする学問であることは明白である。したがって、「形而上学」に「存在論」を併記することは、単なる同語反復ではなく、そこで想定されている形而上学が、先に挙げたような概念分析主導型、言語哲学主導型のような異種の形而上学ではなく、文字どおり存在論主導型の形而上学であるということを含意することになる。

では、存在論主導型の形而上学的考察とは具体的にいかなるものなのだろうか。とりあえず、次のように定義してみよう：

この世界には、どのような種類の存在者が互いにどのような関係をもちつつ存在するのか、あるいは存在し得るのか、ということを最も一般的レベルにおいて考察することによって、世界が全体としてどのような（広い意味での）構造を持っているのか、あるいは持ち得るのかということを、最も基礎的レベルにおいて考察すること。

しかしこれだけでは、いくつかの疑問が喚起されるだろう。そもそもこの定義中の「最も一般的レベルにおいて考察する」とか「最も基礎的レベルにおいて考察する」とは具体的にどのような意味なのか。例えば、それが「この世界にはどのような素粒子が存在し、その結果として宇宙全体がどのような構造を持つのか」ということを表すのだとすれば、それはまさに物理学者が行うことであって、哲学者がそれに介在する余地はないのではないか。

そこで、次のようないくつかの存在命題について考えてみよう：

「オカピという動物が存在する」
「あなたを信じてくれる人がいる」
「無償の愛というものが存在する」
「あの人にはまだ意識がある」
「日本という国家が存在する」
「目の前に自動車がある」
「私はディズニーランドへ行ったことがある」

「ニュートリノの存在が確認された」
「最大の素数は存在しない」
「真でも偽でもない命題が存在する」
「神は存在する」

果たしてこれらの存在命題のなかで、物理学の領域に属するものはどれだけあるだろうか。問題なくそうだと言えるのは、ニュートリノの存在命題くらいであろう。動物、人、愛、意識、国家などの存在も最終的には物理学によって説明されるべきだと考えるとすれば、物理主義(physicalism)という還元主義的なひとつの存在論的立場にすでに与していることになる。また、素数、命題、神などの存在が物理学の問題だとは、ほとんど誰も考えないだろう。

もちろん、いま挙げたような、物理学によっては扱えない諸対象についても、それぞれに対して例えば生物学、心理学、社会学、数学、論理学、神学などのそれらを扱うべき個別的学問が存在する。しかしそのことは決して存在論的考察の意義を否定することにはならない。むしろ逆に、それらの種々の個別科学によって様々な存在主張がなされているからこそ、その存在主張の資格を問うたり、各存在者間の相互的関係について考察したりすることが必要となるのである。

存在論主導型の形而上学というものを以上のように特徴づけたとき、その中心に置かれるべき考察は、やはりカント以前の伝統的な意味で「カテゴリー論」と呼ばれてきたものになるだろう(6)。すなわち、きわめて一般性の高い意味での「存在のモード」「存在の種類」としての「カテゴリー」にはどのようなものがあり、そしてそれらはどのように関連し合うのかということを考察する理論としてのカテゴリー論が形而上学の主軸となるということである。しかしその場合も当然のことながら、ではそもそも存在論的な意味での「カテゴリー」とは何か、ということを問題とせざるを得ないだろう。

しかしこの問いに答えを与えることはなかなか一筋縄ではいかない。例えば、ウェスターホッフ（J. Westerhoff）は、現代（およびおそらくアリストテレス）の存在論的カテゴリー論においてはすべて、カテゴリーは「集合」として規定されていると述べている。(7) しかし一方で、「集合」自体が種々の存在論的カテゴリーの中の一カテゴリーにすぎないかもしれない。だとすれば、カテゴリーとは何かという問いは、「カテゴリー」が所属する「カテゴリー」を求めるという、循環した問いになりかねない。(8) だからこそ、「カテゴリーとは、例によって示されるしかない定義不可能な何かである」というグロスマン（R. Grossmann）の主張や、「カテゴリーとは、われわれが慣れ親しんだものとしていつも遭遇しており、ことさら追究しなくとも直知されるような何かである」というハルトマン（N. Hartmann）の主張などにも、肯ける面がある。(9)

それのみならず、「そもそも複数の異なるカテゴリー論がいずれも妥当なものとして並立し得るのか。し得るとすれば、それはどのような条件が成立している場合なのか」「カテゴリー論はどのような方法論によって探求されるべきなのか」「どのようにカテゴリー論における主張の正否を判定すべきなのか」等々、カテゴリー論をめぐるメタ的な問いは他にも山のように存在する。そしてこれらの問いは、ほとんど同じことを一般的存在論そのものに対して問う、いわゆる「メタ存在論」的な問いに直結してしまうような大きな問いであり、少なくとも現時点での筆者の手には余る。本章の目的は、あくまでも次章以降での具体的な存在論的考察の方向性を定めることであるので、メタ的な問いについてはあまり踏み込まず、まずは現代におけるカテゴリー論の代表的な三つの具体例を概観する。そしてメタ的な考察については、それらがどのようなことを目指して展開されているのかを確認しながらその先に見えるものを展望する、という程度にとどめることとする。

2　三つの現代的カテゴリー論

先ほど述べたとおり、「カテゴリー」という語が表すものは、カントによって一般的存在様式から私たちのア・プリオリな認識形式へと大きく様変わりさせられた。そしてその影響力は、認識論主導型の近代哲学から言語哲学主導型へと変わったとされる現代哲学をも大きく支配するものであった。ただ、仮に「カテゴリー」が私たちの認識形式あるいは概念図式、言語形式等を表すものだとしても、それらが存在そのものによって存在様式をそのまま反映する形でもたらされるものとして想定されているとすれば、結果においてはカテゴリー論およびそれを中心とした形而上学的考察に関して大きな相違はないということになるだろう。しかし、その最終目的が存在論的主張にありながら、その基礎となるカテゴリー論を存在論的意味合いではなく、あえて認識論的あるいは言語論的意味合いにおいて展開するのだとしたら、そのこと自体の中に実はすでに一種の存在論的主張が含意されていると考える方が自然である。実際、カントの場合はその主張において、現象と実在を峻別し、あくまでも私たちが認識し得るのは前者のみであるとする、二元論的存在論が前提されていた。また、概念図式、言語形式としてのカテゴリーという発想も、世界は結局言語や私たちに依存して構成されるのだとする、反実在論的あるいは相対主義的な存在論を招きがちであった。

この節で紹介する現代のカテゴリー論は、こうした現象・実在二元論、反実在論、相対主義などに対するアンチ・テーゼとして提示されているという性格が強い。その結果が、よりアリストテレスに近い伝統的な意味でのカテゴリー論への回帰傾向として現れているのである。この後、現代的カテゴリー論の代表的な具体例として、(1) チザム (R. M. Chisholm)、(2) ホフマンとローゼンクランツ (J. Hoffman and G. S. Rosenkranz)、(3) ロウ (E. J. Lowe) による計三つのカテゴリー論を採り上げるが、チザムが自らのカテゴリー論を展開した著書に『カテゴリーの実在論的理論 (A Realistic Theory of Categories)』と題したことは、象徴的である。では順次、それぞれのカテゴリー表を見ながら、その特徴を確認していこう。(10)

1 チザム

チザムのカテゴリー表の特徴は、そのツリー上のすべてのノード（節）が、何らかの条件を満たすものとそうでないものという、二分法によって構成されているところにある（「状態」のノードだけが異なっているが、それについては後述する）。その結果として、このカテゴリー表は、完全に存在者全体を包括するものとして提示されていることになる。

その最上位の分割は、「偶然的（Contingent）」とその否定としての「必然的（Necessary）」であるが、チザムは偶然的対象を「生成する（come into being）ことが可能なもの」とも定義しているので、この区別は、実質的には、時間的対象と無時間的もしくは永遠的対象という区別と重なっている。(11) そして通常の場合それは、「具体的」対象と「抽象的」対象との区別に対応するのであるが、チザムは「必然的実体」としての「神」を少なくとも存在し得る対象の一つとして認めるために、むしろ「偶然的」対「必然的」という二分法を選択したのだと思われる。

第二位の分割は「状態（State）」とその否定としての「非状態（Nonstate）」である。そして「偶然的非状態」を「個体（Individual）」と言い換えている。そして偶然的状態の直下位に「できごと（Event）」があり、個体の直下位が「境界（Boundary）」と「実体（Substance）」から成っていることからもわかるように、この第二位の分割は、いわゆる「こと的対象」と「もの的対象」の区別に対応すると言える（この点は「必然的状態」と「必然的非状態」についても当てはまる）。

最下位の分割は、「境界」対「(偶然的）実体」および「属性（Attribute）」対「(必然的）実体」である。前者の区別は、必ず何かの構成要素としてのみ存在し得るという依存性とその否定としての独立性との相違によってなされる。そして通常は属性と実体の相違も、異なる意味でのものではあるが、やはり同様に依存性と独立性の相違によってなされることが多い。しかしチザムはその代わりに、大まかに言えば、誰かの信念内容において何かを形容するために現れ得るものとして属性を定義した。これは、私たちは自らの志向的状態の反省によって基本的な存在論的カテ

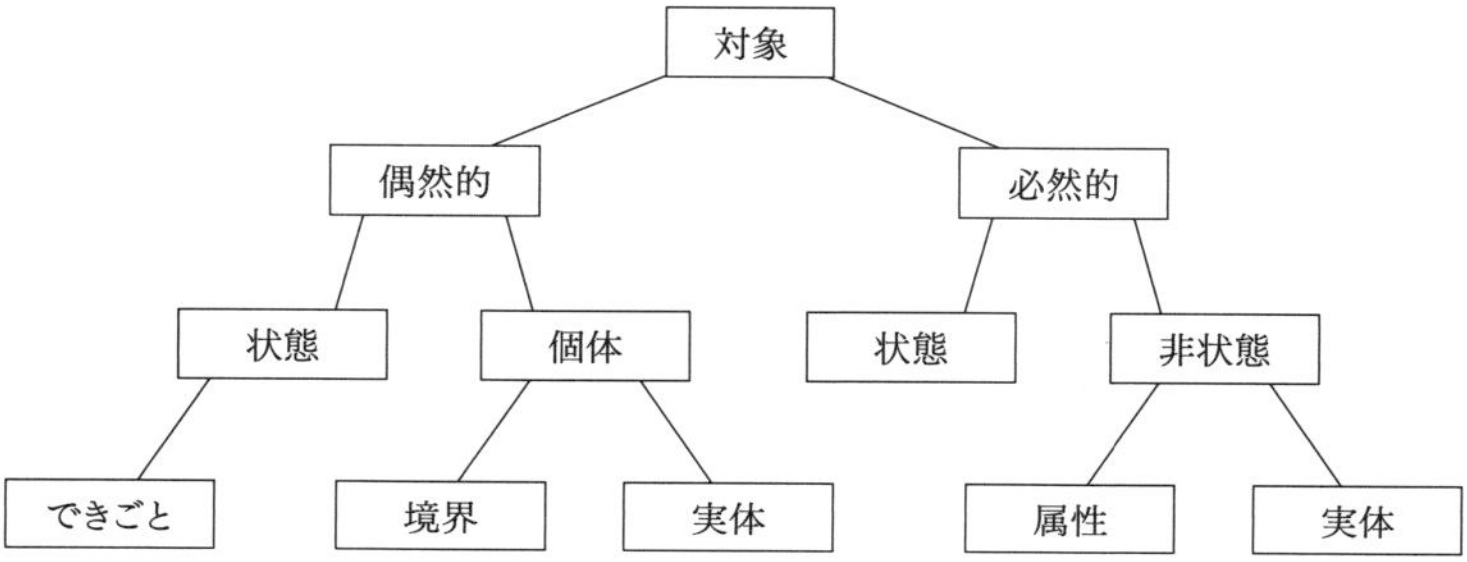

チザム

ゴリーを把握すると、チザムが考えた結果である。

チザムは、「状態」を未定義語として用いているが、「偶然的状態」の典型例として「あなたの（ある時点での）読書」を挙げ、それは、その基体（substratum）としての「あなた」という偶然的実体と、その内容（content）としての「読書する」という必然的非状態すなわち属性から成るものとして説明している。[12] 偶然的状態の直下の区分は、実体の状態としての第一階の状態、第一階の状態の状態としての第二階の状態、第二階の状態の状態としての第三階の状態……と無限に存在するのだが、そのうちの第一階と第二階のものを「できごと」としてまとめている。例えば、「あなたの読書」が第一階、「あなたの読書がなかなか終わらないこと」が第二階、「あなたの読書がなかなか終わらないことが私の苛立ちを引き起こす」が第三階の状態である。「必然的状態」については、チザムはあまり説明していないが、「偶然的状態」からの類推によって、偶然的実体を「神」という必然的実体に置き換えて得られる命題や「1+1=2」などの数学的命題などに対応する状態と考えればよいだろう。

このようにして最終的にチザムは、「実体」「状態」「属性」を

「実在の究極的（ultimate）カテゴリー」として位置づけている。[13]

2　ホフマンとローゼンクランツ

ホフマンらのカテゴリー表は、最上位を除いては、各ノードに属するカテゴリーが包括的ではなく、他のカテゴリーが存在する可能性も認めるというオープンな形になっている点で、チザムのカテゴリー表とは大きな対照を示している。[14] これは、彼らがカテゴリー表を作成した際の方法論がチザムとはまったく異なっているからである。

ホフマンらは、まず代表的と考えられる十の存在論的カテゴリーを次の「リストL」に属するものとして列挙し、それらを「レベルC」のカテゴリーと名付ける[15]：

リストL：属性（Property）、関係（Relation）、命題（Proposition）、できごと（Event）、時間（Time）、場所（Place）、境界（Limit）、集積体（Collection）、欠如体（Privation）、トロープ（Trope）

そのうえで、それより上位のカテゴリーとしての「抽象的対象」と「具体的対象」を次のような二分法によって定義し、それを最上位の分岐（レベルB）としている[16]：

xは具体的である。 $\equiv_{df.}$ xは空間的または時間的な部分を持つ実例を持ち得るようなレベル

Cカテゴリーの実例である。

xは抽象的である。 ≡df. xは具体的ではない。

そして最後に、カテゴリー間の包摂関係や同レベル関係を規定する次の定義によって、カテゴリー表のツリーが形成されていくことになる[17]：

カテゴリーFはカテゴリーGを包摂する。（A category being an F subsumes a category being a G.）≡df.（i）必然的に、任意のxについて、もしもxがGであるならば、xはFである。（ii）FであるがGではないようなxが存在し得る。

カテゴリーC_1はレベルCのものである。（A category C_1 is at level C.）≡df. 次のいずれかである：（i）C_1はリストL上にあり、かつ、C_1は実例化可能（instantiable）である。（ii）［(a) C_1はL上になく、C_1はL内の実例化可能なカテゴリーを包摂することはなく、L上のいかなるカテゴリーもC_1を包摂することはない。かつ、(b) (ii)の(a)に現れている条件を（C_2が）満たすと同時にC_1を包摂するような、カテゴリーC_2は存在しない。］

以上からもわかるように、ホフマンらは、代表的ないくつかの存在論的カテゴリーを出発点として、それらとの比較によって他のカテゴリーの同定や位置づけを行っていくという、外挿法的な方法論によってカテゴリー論を展開している。その結果、彼らのカテゴリー論は、存在者の全

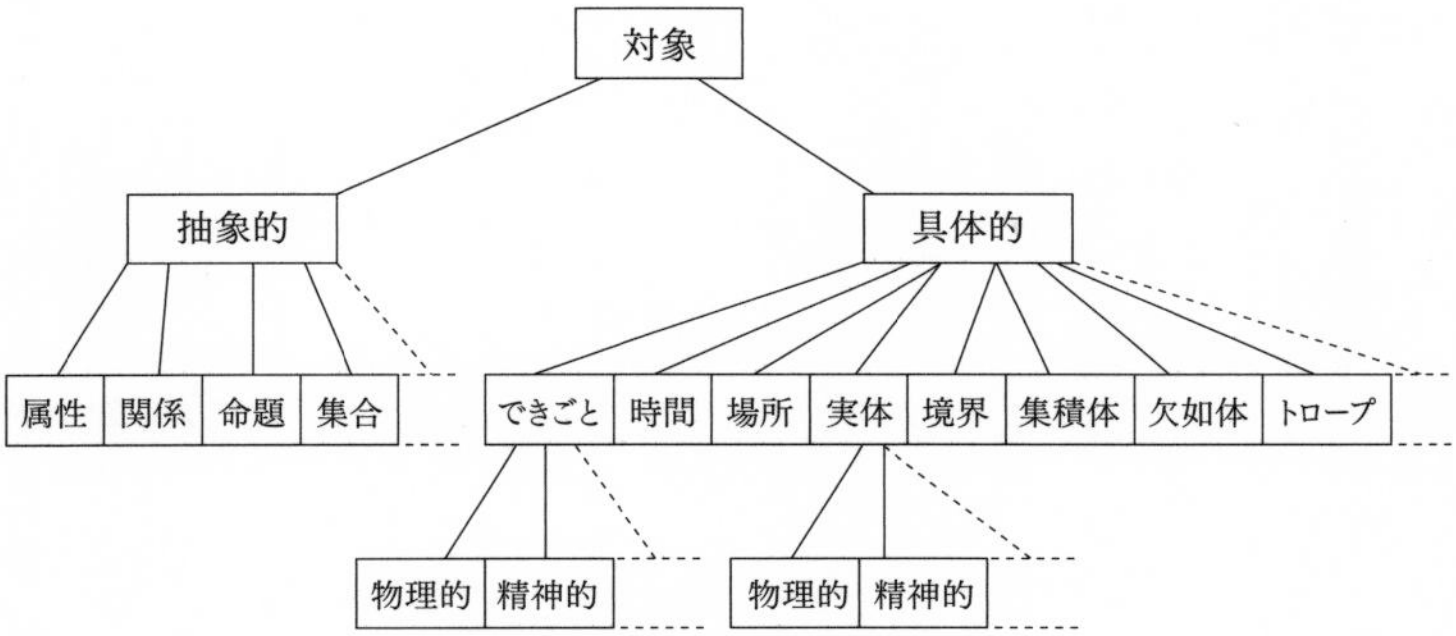

ホフマンとローゼンクランツ

体を出発点としながら二分法の反復によって最上位からより下位へと細分化していくチザムのカテゴリー論とはまったく異なる相貌を帯びることになるのである。

3 ロウ

ロウによるカテゴリー表は、二分法によるノードとオープンなノードとが比較的均等に混在する点で、チザムとホフマンらとの中間的性格を持っている(18)。ロウは、最上位の分岐を「普遍（Universal）」対「個体（Particular）」という二分法によって構成し、両者の相違を次のように説明している(19)：

普遍は、それ自身は実例化可能でないような対象によって——すなわち個体によって、実例化可能であるという点において、個体と異なっている。

したがって、例えば「馬」という自然種は「ディープインパクト」という名を持つ具体的対象などによって実例化可能であるが、ディープインパクトが自らのさらなる実例というものを持つことはできないので、前者が「普遍」で後者が「個体」であることになる。

そして、普遍的対象はすべて同時に抽象的でもあるが、個体には抽象的対象（集合や命題など）と具体的対象があると、ロウは考える。したがって、第二位の分岐ノードとして「抽象的」対「具体的」という二分法を採用していることになる。彼は両者について、ホフマンらと類似した形で次のように説明している[20]：

具体的対象は、空間および／または時間の占拠者（occupant）であり、したがって空間的および／または時間的属性や関係を持っているという点で、抽象的対象と異なる。

さらにその次の二分法は、普遍については「種（Kind）」対「属性（Property）・関係（Relation）」、個体については「オブジェクト（Object）」対「非オブジェクト（Non-object）」であるが、両者はいずれも、大まかに言えばチザムのときに述べたのと類似した意味での「もの的」対「こと的」という区別に対応しているという点で、共通している[21]。

ただしロウの場合、前者はある種の存在論的独立性を持つのに対し、後者は前者に対するある種の存在論的依存性を持つという基準によって、両者を区別している。この点と、最上位に「普遍」対「個体」の区別を持ってきている点とにおいて、ロウは、独立的普遍である「第二実体」としての種と依存的普遍としての属性（や関係）という二種類の「普遍」と、独立的個体としての「第一実体」と依存的個体としてのモード（Mode）（これは、ホフマンらのカテゴリー表にお

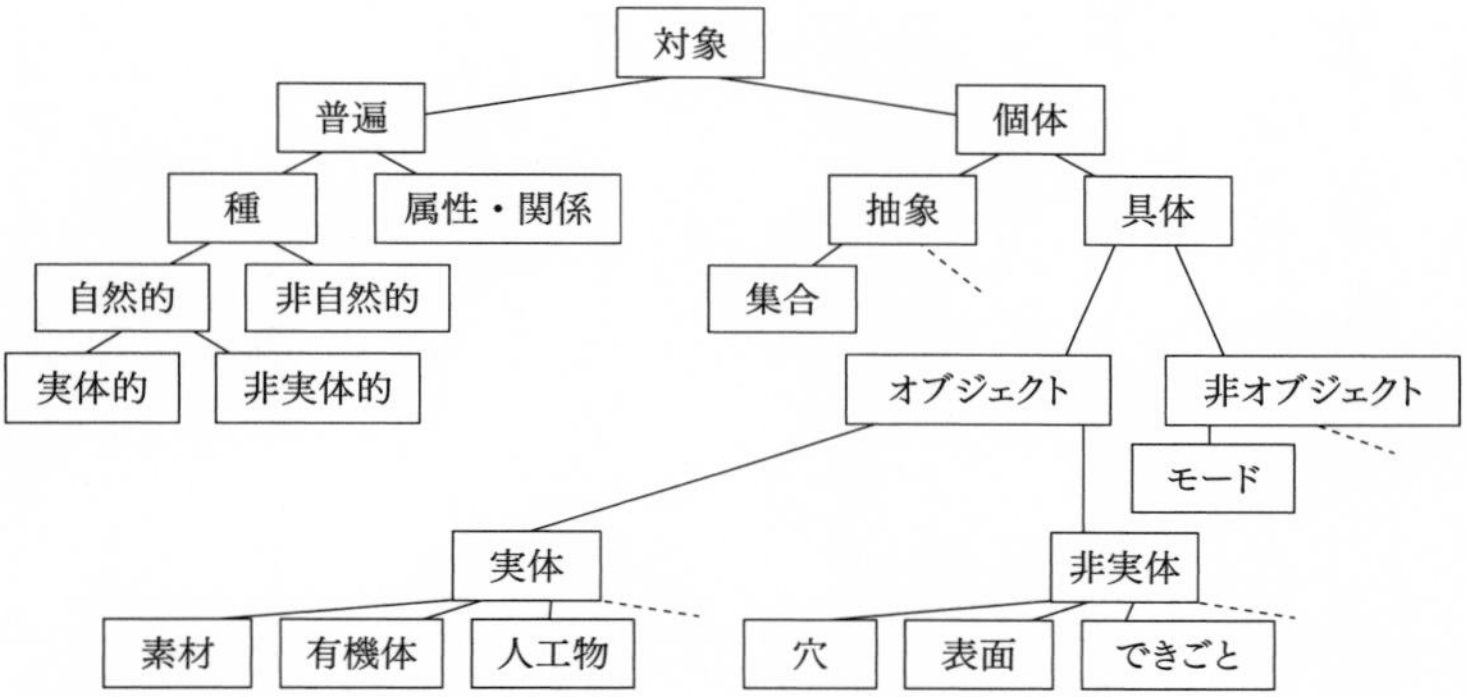

ロウ

ける「トロープ」に相当する）という二種類の「個体」とから成る、アリストテレス的ないわゆる「四カテゴリー存在論（Four-Category Ontology）」という基本図式を採用していることになる。[22] その意味では、三者の中でもっともアリストテレスに近い存在論的体系がそこで提示されていると考えてよいだろう。方法論的な観点からすれば、ひとつの伝統的な存在論的体系を基本的範型としながら、それを現代的に再構築するという方法によってカテゴリー表が作成されているとも言えるかもしれない。

3 現代哲学における「存在論的転回」

前節で、三者のカテゴリー論をそれぞれ概観すると同時に、主として方法論的な相違点にも着目してきたが、この節ではまず、どちらかというと目的論的な観点から彼らの相違点についてもう少し考えてみたい。もちろん、三者におけるカテゴリー表の構築方法の相違は、おそらくその際に想定されている目的の相違からの帰結である部分が多い

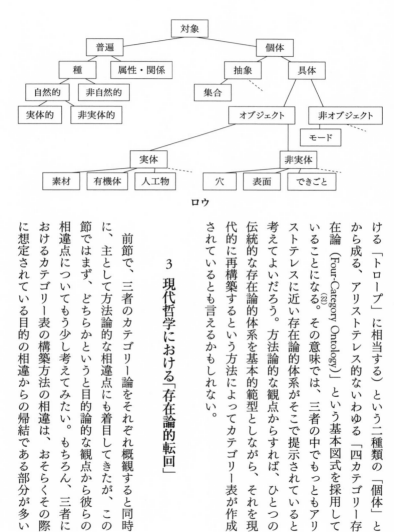

と考えられるので、両者は完全に独立の話ではない。

チザムのカテゴリー表を他の二者と比較して大きく際立つ点の一つは、そのカテゴリー数の少なさやツリー形状の対称性などに見られるように、きわめて簡潔で均整が取れているということである。実際、彼はカテゴリー表の望ましい要件として、(1)承認される対象のタイプに関する経済性、(2)用いられる概念のタイプに関する簡潔性という二つを挙げている。[23] これら両基準に従いつつ彼は何度か自らのカテゴリー論の修正を繰り返し、最終的に採用されたカテゴリー表においては、例えば「時間」「場所」「集合」「関係」「命題」などは含まれていない。これらは単に省略されているのではなく、定義によって彼のカテゴリー表内のいずれかのカテゴリーに還元された結果、そのカテゴリー表上には登場しないのである。[24]

チザムのカテゴリー論のこうした特徴は、カテゴリー論が、存在論的考察の最終目標としての性格を持ち得ることを示唆している。極言すれば、存在論とはカテゴリー論以外の何ものでもないということである。[25] そしてその際の完成度の基準となるのが、一種の還元的な説明力や理論的な簡潔性、整序性などであることになるだろう。すなわち、少なくともチザム的な考え方によれば、存在者全体の見取り図をできるだけ簡潔かつ明瞭に示し得るようなカテゴリー論こそが望ましいカテゴリー論であるということである。

これと対照的にホフマンらにおいてはむしろ、存在論的考察における発見法的なひとつの手段・道具としてカテゴリー論が用いられているように思われる。実際、彼らは次のように述べている。[26]:

真正の存在論的な種またはカテゴリーの直観的概念を分析することは難しいが、その概念は、存在論一般の研究および特定の存在論の枠組みのいずれにおいても用いられなければならない。

そして彼らのカテゴリー表構築の際の重要概念となるのが「一般性」である。彼らは存在論的な意味で十分に一般性を持ち、さらに一定の条件を満たしていると考えられるいくつかの述語に対応する代表的カテゴリーを配置したうえで、一般性の度合いや存在論的特質について、相互に、および、他のカテゴリー（の候補）を交えて、比較し合いながら、それぞれの存在論的カテゴリーの特徴を見極めていくという手順を採っている。特に彼らは、このような手法によって「実体」という存在論的カテゴリーの分析を行い、伝統的実体論を現代的な形で再構成した。

ロウは、「存在論的カテゴリーとは何であり、どのような存在論的カテゴリーを我々は承認すべきなのか？」「存在論的カテゴリーはどのように『個別化（individuate）』されるのか、すなわち、どのように同定と区別がなされるのか？」という問いに関する予備的な主張として、次の二つを挙げた[27]：

第一に、存在論的カテゴリーは階層的な秩序を持っている。第二に、存在論的カテゴリーはその成員に関する異なる存在基準および／または同一性基準によって個別化される。

例えば「集合」というカテゴリーは、「個体」の下位カテゴリーとしての「抽象的個体」というカテゴリーのさらなる下位カテゴリーであるという階層的順序関係の中にある。そして集合としての同一性は、その要素の同一性によって決定される。したがって例えば、「羽根が無く、かつ二足歩行する」という述語と「哺乳され、かつ二足歩行する」という述語にそれぞれ対応する抽象的対象としての「属性」どうしは、互いに異なるものであるかもしれないが、それらの述語にそれぞれ当てはまる個体たちが一致していれば、各々に対応する抽象的対象としての「集合」どうしは同一であることになる。

さらに言えば、このような同一性基準があってこそ、集合という対象の存在主張も意味を持つことになる。というのも、集合が存在すると主張することが意味をもつためには、そもそも集合とは何かということの最低限の理解が前提されなければならないが、そのためには少なくとも、集合どうしの異同についての判断ができなければならないからである。例えばa、b、cを要素とする集合とa、bを要素とする集合が同じなのか違うのかを判断できないような人が「a、b、cを要素とする集合が存在する」と主張したとしても、その主張はまったく空虚なものでしかないだろう。このような意味で「同一性は存在に先行する」と言える。そしてこれは、集合の同一性基準が「そもそも集合とは何か」という問いに対する答えとしての集合の「本質（Essence）」の少なくとも一部を規定しているということをも表している。すなわち、「本質は存在に先行する」とも言えるのである。したがって結局のところ、カテゴリーの追究とは、諸々の存在者の本質の探究でもあることになる。そしてそれは、「本質についての科学」として形而上学を性格づけるロウにとって、やはり形而上学的探究の中核に位置せざるを得ないのである。このような意味で、ロウのカテゴリー論の背景には、やはりアリストテレス的な一種の「本質主義」があると考えてよいだろう。

以上、三者のカテゴリー論について、主として彼らの間に見られる相違に着目してきたが、三者の間ではいくつかの基本的共通点があることも見逃してはならない。

まず第一に、彼らは三者とも、その性格付けや位置付けに関する異同はあれ、基本的に抽象的対象と具体的対象との二分法を受け入れており、後者については言うまでもなく、前者についての実在論者であるということである。そしてそれ以外にも三者は、「実体」「属性」「できごと」「境界（ロウはそのうちの『表面』のみを例として挙げている）」などを存在論的カテゴリーとして承認するという点でも共通している。こうした共通性は、カテゴリー論というものを一種の公理系のようなものとして捉え得ることを示唆する。すなわち、公理や推論規則は異なる複数の公理系が同じ定理を共有するという点で同等であり得るのと同様、各カテゴリー表における分類の順序や各カテゴリーの性格付けが異なっていても、いくつかの存在論的主張においては一致するということは十分にあり得るだろう。

第二に、三者はいずれも、カテゴリー論を展開するにあたって、存在者に由来する可能性や必然性等としての「形而上学的様相（Metaphysical Modality）」を表す表現を未定義語として採用したうえで、「必然的・偶然的」「存在し得る」「存在論的に依存する」「実例化可能」などの表現を用いているということである。この点において、彼らは形而上学的様相に関する実在論者でもあり、彼らのカテゴリー論は、クリプキ（S. Kripke）らの仕事によってもたらされた、形而上学的様相の復権という潮流の中のひとつであると考えられる。

そして最後に、言うまでもないことであるが、彼らはいずれも、種々の存在者が階層的な関係を持ちつつ共存すると考える、いわゆる「多レベル存在論（Level Ontology）」を採用しているということである。周知のとおり、このような多レベル存在論は、還元的唯物主義（Reductive Materialism）が台頭していた現代哲学の風土の中ではほとんど絶滅危惧種のようなものであった。しかしその中にあって、同じ唯物主義者の中でも非還元的な多レベル存在論を主張していた数少ない哲学者として、アレクサンダー（S. Alexander）、ハルトマン、インガルデン（R. Ingarden）、ポランニー（M. Polanyi）、ブンゲ（M. Bunge）という五人を、ヨハンソン（I. Johansson）は挙げている。[28] そしてヨハンソンも、自然、人間、社会およびそれらの関係をより深く理解するためには、我々が前提する最も抽象的なカテゴリーについて再考することが必要だと主張し、自らもカテゴリー論を展開した。彼は、そのように考えるようになった自己の経緯を「存在論的転回（Ontological Turn）」と形容し、次のように述べている[29]：

当時の私の仮説は、科学哲学者たちはあまりに抽象的すぎるレベルで問題に取り組んでいるということであった。正しい解決は、現実の科学理論の具体的詳細の中に見出されるべきだと、私は考えていた。しかし次第に、私は正反対の結論、すなわち、科学哲学は十分なほど抽象的ではないという結論に近づいていった。私は、我々の最も抽象的な諸前提こそが再考されるべきだということを理解し始めた。

つまりヨハンソンは、自己の科学哲学的探究の方向性を具体性から抽象性へと百八十度転換させたという意味で「存在論的転回」という言葉を用いたのだが、この言葉は、認識論主導型の近代哲学が言語哲学主導型の現代哲学へと転換したことを表す「言語論的転回（Linguistic Turn）」という用語を意識したものである。次に続くべきは、むしろカテゴリー論に代表されるような伝統的な意味での形而上学的・存在論的考察への回帰としての「存在論的転回」であるかもしれないということをも、ヨハンソンはこの用語によって示唆しているのである。ヨハンソンらの例はあくまでも「唯物主義」というそれ自体還元主義的な傾向を持つ立場内での話なので、一概に一般化することは許されないが、カテゴリー論は、ひょっとすると、科学哲学のような一見対極にあるような分野においても、あるいはむしろ、そのような分野においてこそ、改めて重視されるべき分野であるかもしれない(30)。

以上、存在論的考察の代表的な形として、カテゴリー論を紹介した。そこで示されたような考察を、この後の二つの章でそれぞれ穴と境界に対して適用していくことになる。つまり、そもそも個々の穴や境界はどのような存在論的特徴を有するカテゴリーに属し、また他のカテゴリーに属する諸対象に対してはどのような存在論的関係を持つのか、ということを中心に考察が行われる。そして最後に付論として、穴や境界に関する考察において採り上げられたような存在論的性質や関係について、より形式化された厳密な方法で研究する「形式存在論（フォーマル・オントロジー）」と呼ばれる現代形而上学の一分野の全体的概要を紹介し、より理論化された形での存在論的考察やその工学的応用などへの方向性が提示される。

註

（1）[Strawson 1959] p. 9.

（2）通常、アリストテレスの十のカテゴリーは「実体、量、性質、関係、場所、時間、姿勢、所有、能動、受動」であると解釈される。これに対しカントの十二のカテゴリーは、純粋悟性の判断形式としての「量、質、関係、様相」にそれぞれ三つずつ対応する「単一性・数多性・総体性、実在性・否定性・制限性、自存性と付属性（実体と属性）・原因性と依存性（原因と結果）・相互性（能動と受動）、可能－不可能・現実的存在－非存在・必然性－偶然性」であり、さらに「時間、空間」が純粋直観の形式であるとされる。

（3）「二値原理（the Principle of Bivalence）」とは、命題（または、平叙文、言明など）が必ず真であるか偽であるかの少なくともどちらかである（このことを「命題の真理値（truth value）が必ず〈真〉か〈偽〉である」とも言う）ということ、また同時に、その両方であることはないということ、を表す原理である。

（4）[金子 2006] p. 24.

（5）コラッツォン（R. Corazzon）によると、‘ontologia’という言葉の初出は一六〇六年のロルハルドの著作 *Ogdoas Scholastica* であり、ゴクレニウスは一六一三年の彼の著作 *Lexicon philosophicum* においてそれを初めて用いているということである。(http://www.formalontology.it/history.htm)

（6）現代的カテゴリー論としては、数学、社会学、認知科学などにそれぞれ属する種々のカテゴリー論があるが、本章で扱われるのは、「哲学的カテゴリー論」特に「存在論的カテゴリー論」と呼ばれるものに限られる。
（7）［Westerhoff 2005］p. 18–19.
（8）［Lowe 2006］pp. 6–7.
（9）次で引用されているグロスマンとハルトマンの主張を要約した：［Westerhoff 2005］pp. 22–23.
（10）チザムのカテゴリー表には、いくつかのバージョンがある。［Chisholm 1992］p. 2,［Chisholm 1994］p. 54,［Chisholm 1996］p. 3. 本書では、ほぼ最終版と考えられる［Chisholm 1996］のものを採用したが、解説の際には、異なるバージョンを提示したときにチザムが行った定義や説明も利用した。なお、以下で示されるいずれのカテゴリー表においても、「対象」は'entity'に対する訳語である。'object'を「対象」と訳したい場合もあるので、それと区別するために「存在者」という用語を当てる方法もあるが、原語との間にやや大きな語感の相違を感ずるので、ここでは採用しなかった。ただ、本文中では文脈に応じて「存在者」という語も用いた。
（11）チザムは、［Chisholm 1996］（p. 17）では、異なる形での「必然的」「偶然的」の定義を採用している。
（12）［Chisholm 1996］p. 72.
（13）［Chisholm 1996］p. 35.
（14）［Hoffman and Rosenkranz 1994］p. 18, Figure 1.1.
（15）Ibid. なお、この中に登場する「トロープ」とは、具体的個体としての属性、例えばソクラテスの知恵、個別的な赤色などを表す（それ以外に、ジョンとメアリーの恋愛関係など、具体的関係もトロープに含める場合が今では多いが、ホフマンらはそれらを例としては挙げていない）。また、「欠如体」は物体の欠如としての穴や音の欠如としての静寂など、具体的対象としての欠如を指す。さらに「集積体」

は、やはり具体的対象としての材木の束や砂の集積としての砂山などであり、抽象的な対象としての「集合」とは区別される。

(16) [Hoffman and Rosenkranz 1994] pp. 182-184. 先ほど述べたとおり「抽象的」対「具体的」という二分法の主旨は、チザムによる最上位の「必然的」対「偶然的」という二分法の場合とおおむね一致する。しかし彼らは、チザムと同じ基準を採用しなかった理由として次の三つを挙げている：①一神教における神のような対象は、具体的だが必然的な存在である。②アリストテレス的実在論によれば、属性はその実例がなければ存在し得ない。したがってその立場では、いくつかの属性は抽象的だが偶然的存在であることになる。③具体的対象の集合は抽象的だが偶然的存在であると思われる。

(17) [Hoffman and Rosenkranz 1994] pp. 17-19. ホフマンらのカテゴリー表において、後者の定義中の(ii)によってレベルCのカテゴリーとして認定されたのが、「(具体的) 実体」と「(抽象的) 集合」である。またレベルC以外のレベルにおいても、同様にレベルの同一性が定義されることになる。

(18) [Lowe 1998] p. 181, Figure 1.

(19) [Lowe 1998] p. 155. なお厳密には、ロウは 'Individual' という用語も 'Particular' よりもやや限定された意味で区別して用いているが、ここでの議論にはその相違は関係しないので、チザムらに合わせた形で訳語を統一した。

(20) Ibid.

(21) ただし、「できごと」「属性」の位置づけに関しては、(少なくとも各表が作成された時点では) チザムとロウは大きく異なる。また、「抽象的対象」に関しても本文と同様の区別が考えられるが、ロウ自身は書いていない。その他、「属性・関係」についても「自然」対「非自然」の区別が考えられるはずである。これらは、単に省略されているだけであると思われる。

(22) ただし、「オブジェクト」の中でも、穴、表面、できごとなどのように、「もの的」ではあるが、また別の種類の依存性を持つものを「非実体」として区別している。

(23)[Chisholm 1992] p. 2.

(24)ロウも「時間」「場所（空間）」をカテゴリー表の中に含めていないが、チザムのようには他の存在者への還元可能性を明示的に主張していない。ただ彼は、具体的対象の定義の中で時間と空間に言及している一方で、「時間（*time*）という概念そのものは、物質（matter）の概念から（あるいは少なくとも原始的に持続する何ものか（*something*）の概念から）分離することはできない」とも述べているので、彼も時間や空間を少なくとも'entity'としては認めないということなのかもしれない。[Lowe 1998] p. 121.

(25)ラックス（M. J. Loux）はさらに進んで、形而上学全体をカテゴリー論として性格づけている。[Loux 1998] pp. 11-17.

(26)[Hoffman and Rosenkranz 1997] p. 46.

(27)[Lowe 2006] p. 6.

(28)[Johansson 1989]

(29)[Johansson 1989]

(30)本章で採り上げた三者の中でも、特にロウによるカテゴリー論は、科学哲学的動機に基づいている面が大きい。[Lowe, 2006]

第2章　穴

私はツタンカーメンの鼻の穴である。右側の方である。名前はない（おそらく名前を持つような鼻の穴はかつて存在しなかったし、これからも存在しないだろう）。

古代エジプトの荘厳な宮殿内を、私はツタンカーメンとともに徘徊し、絢爛たる舞踏会では、彼の美しきパートナーを目の当たりにした（時代考証などという野暮な話は無しにしよう）。しかし、私は彼らとともに踊ったと言えるのだろうか？　ツタンカーメンが華麗なターンを見せても、私には回転だけはできなかったからだ。

私はツタンカーメンとともに古代の空気を吸い、二酸化炭素の増した生暖かい空気を吐いた。ツタンカーメン亡き後も、様々な時代の空気が私の中を行き交った。時には水や虫たちまでも。

ツタンカーメンはミイラになった。それによって彼の魂が生き延びたかどうかは知らないが、少なくともその鼻の穴すなわち私を生き延びさせることには成功した。

私の周りはもう炭となった。やがては石になるだろう。しかし私は私であり続ける。つまり私はツタンカーメンの鼻の穴であり続けるのだ。かつての栄光を胸に秘め、私はこれからも生きながらえていくだろう。

1　穴は存在するか

「ゆりかごから墓場まで」という政治スローガンを抽象化すると、「穴から穴まで」ということである。つまり私たちの一生は、ゆりかごの窪み（という穴の一種）の中で始まり、墓穴という空洞の中で終わる。(1) そしてその間、大半の時間を室内で過ごすとすれば、「部屋」というこれまた一種の空洞の中で一生が費やされることになる。そして部屋は通常、「家屋」というより大きな空洞の一部分である。その家屋が位置する私たちの居住地域も、原始的野生の荒野の中に開けられた一種の穴であるといえるかもしれない。生物が生を安全に確保するためには、多かれ少なかれ何らかの囲い込みを行わなければならないとすれば、「環境」というものは、本質的にすべて「穴」的な構造を持たざるを得ないだろう。

また、私たちの身体自身が、無数の穴から成り立っている。口から食道、胃、腸を経て肛門へと至る消化・排泄器官の営みは、それらがトンネルという種類の穴として外界と繋がっているからこそ可能なのであり、また心臓を起点・終点として張り巡らされている動脈・静脈の血管網も、すべてがトンネルである。鼻の穴、気道、肺から成る呼吸器官も、それを窪みと見るべきかトンネルと見るべきか微妙なところはあるが、やはり穴である。さらには、無数の毛穴（という窪み）、気孔（というトンネル）、無数の細胞（という空洞）など、よりミクロな生命組織のレベルに迫れば迫るほど、多種多様な穴の集合体であるということが私たちの身体の本質であるとさえ言いたくなるだろう。

さらに、私たちの周りを見回してみれば、洞穴、窪地、谷間、盆地、川、池、湖、海溝など、多くの自然的対象は穴である。そして人工物にしても、例えば今私の目の前にあるものから拾うだけで、ＣＤの中心の穴、フロッピードライブ・ＵＳＢプラグ・電源コンセントなどの差し込み口、スピーカーネットの細かな穴、引き出し、ゴミ箱、洗面台、コップ、バケツ、電線チューブ、水道管など、つまらないものばかりで嫌になるくらい、穴だらけである。

このように、世界は穴で充ち満ちている。しかし他方、穴ほど「存在感」のないものも珍しい。穴など存在しない、少なくとも「実在」しない、と言いたくなる要因は山ほどある。穴を穴たらしめる一つの本質的要件は、そこに何もないということである。穴は無によって存在する、という逆説的構造がそこにはある。また、穴が存在するとすれば、それは時空間の中に存在する以上、「具体的な対象」であるはずである。しかし、それは「物理的な対象」すなわち、「物体」であると言えるだろうか？　むしろ物体の欠如によってこそ穴たり得るのだとすれば、やはり物体とは言えないのではないか。もしも言えないとすれば、穴の存在を承認することは、「非物理的な具体的対象」の存在を承認するということになる。現代に生きる多くの物理主義者にとって、そのような穴という存在者は容認しがたいものであるはずだ。

もちろん、先に挙げたような穴たちは、あくまでも私たちとその環境という、日常的・生物的レベル、いわゆる中間レベルでの話なので、量子論的なミクロレベルおよび宇宙論的なマクロレベルという物理学的（および化学的）レベルにおいては、穴のような非物質的存在者は必要ないと言えるかもしれない。しかし、物理学によって記述される世界にも穴はしばしば登場する。ディラック（P. Dirac）によって「負エネルギー粒子（negative-energy particles）の海」の中の「穴（泡）」としてその存在を予言されたのが、その直後に発見された陽電子を代表とする反粒子である。またマクロレベルにおいても、例えばブラック「ホール」の理論は現行の宇宙論の要である。これらの点で、いわゆる「穴の実体化」の最良の例を提供しているのが実は最先端の物理学であるとさえ言える。自然科学においても、穴は決して「侮れない」のだ。

ただ、これらにおける「穴」はあくまでも比喩的表現として採用されたものにすぎないと言われるかもしれない。そして実際、厳密な意味での物理学的対象としては、穴という存在者など不要であるかもしれない。しかし、仮にそうだとしても、少なくとも穴が比喩において用いられる以上、そのように比喩として用いられる対象がどのような存在者であるかを知らない限り、その比喩を用いた説明がどの程度までの類比が成立する説明であるのか、それはどのような意味で比喩となっているのかを理解することができないだろう。また逆に、物理的世界と私たちの日常的世界との相違を主張したいのだとしても、その主張の意味を明確にするためには、同様に、比較される対象の一方である日常的対象の正確な把握が必要となるだろう。その意味で、日常的対象の存在性格の理解は、物理学の成果を「理解」し、物理学におけるどのような成果がどのような意味で私たちにとって重要であるのかを把握するためにも必要なのだ。このような重要性は、「ひも」だとか「膜」だとかが宇宙の究極的な構成要素であるなどの主張によって「究極統一理論」と言えるものが成立するかもしれない、現代物理学の最近の動向によってもいや増している、と言っても過言ではないだろう。

さらに重要なことは、仮に物理学的なミクロレベル・マクロレベルにおいては穴という対象は存在しないとしても、それだけで中間サイズの対象としての穴が実在しないということにはならない、ということだ。その事情は、私たちの身体が素粒子や原子や分子からできているからといって、「生物」としての（あるいはさらに「人物（person）」としての）私たちが実在しないということには必ずしもならないのと同様である。物理学によって記述されるようなミクロ的あるいはマクロ的対象のみが実在する、という考え方は、できるだけ存在者の種類を減らさなければならないと考える、還元的存在論という立場が正当化されて初めて承認されるものだ。しかしこれに対し、ミクロ・中間・マクロのレベルの相違は、私たち認識者の側における識別レベルの相違に過ぎないと考え、すべてのレベルの存在者が実在すると考える、非還元的・多レベル的存在論という立場もあり得るのである。

とは言いながら、穴という種類の対象が、先ほど述べたように、物理的対象であるような無いような、素性の明らかでない怪しげな対象であるとすれば、できることならば、そのような存在者をこの世から消し去ってしまいたいと望むことは、無理からぬ事であるかもしれない。実際、私たちが例えば一枚の紙（p_1と名付けることにする）に穴を開けたとき、紙p_1に加えて「穴」という種類に属するひとつの新たな具体的個体（h_1と名付けることにする）を産み出した、創り出したとはふつう考えないだろう。むしろ、その紙を「変形」させたと、すなわち、個体の数を増やしたのではなく、既存の個体のある属性を変化させたと、考えるであろう。だとすれば、「紙p_1に穴h_1が開いている」という主張は、哲学的・存在論的な正確さを期するならば、むしろ「紙p_1は虫食い状である」「紙p_1はドーナツ型である」などという形で、穴h_1に対する指示を含まず、紙p_1を唯一の指示対象としてその属性を形容する表現であると見なされるべきであることになる。この考え方は、穴が開いているということを、物体がある属性をもつということに還元すると考えられるので、穴の「属性主義（attributism）」とも呼べるだろう。このような還元は問題なく貫徹できるだろうか。

実は問題がある。それは、穴は数えることができるという当たり前のことから帰結する。次の対話は、その問題点を効果的に指摘した、ルイス夫妻（David and Stephany Lewis）のいまや古典的とも言える対話形式の論文「穴（Holes）」からの抜粋である[2]：

バーグル（Bargle）――ふーむ、でも見てごらん。私のチーズには君のと同じ数の穴が開いているよね。同意するかい？

アーグル（Argle）――数えてみなくても君の言葉を信用しよう。私のチーズには君のと同じ数の穴が開いている。でも、それで私が意味することは、どちらのチーズも、ひと穿《うが》ちされている（singly-perforated）か、または、ふた穿ちされている（doubly-perforated）か、または、みつ穿ちされている（triply-perforated）か、以下同様（and so on）……、ということなのだ。

バーグル――なんて多くの形状述語を君は知っているんだ！　どうやってそれらをすべて習得する時間を持てたんだい？　それから「以下同様……」というのはどういう意味なんだ？

アーグル――やっぱり、そのふたつのチーズは、同じ穿ちされている（equally-perforated）、とだけ言うことにしよう。こうすれば、一つの二項述語を用いるだけですむ。

バーグル――これらのクラッカーのそれぞれをひと穿ち（singly-perforate）しないかぎり、私のチーズには私の皿の上にあるクラッカーの数と同じ数の穴が開いていると君は言えないことになるんじゃないか？　お願いだから、その場しのぎで新たな述語を創り出すのはやめてくれたまえ。君が用意しているすべての述語についてまとめて語ってくれるならば、それをじっと聞いているくらいの心構えを私は十分持っているのだから。私には豊かな想像力も有り余る時間もある。

アーグル――うーむ……（考え込む）

少し解説しよう。右の対話でアーグルは唯物主義者の代表の役割を担わされており、数、色、長さ、集合、力の場、感覚などはすべてフィクションであるとして、それらの実在性を否定する人物という設定になっている。その彼を窮地に追い込むためにバーグルが持ち出した秘密兵器が

「穴」だったのである。アーグルは議論の休憩時に出されたグリエール・チーズとクラッカーを前にして、グリエール・チーズにたくさん穴が開いているということをバーグルの誘導尋問によって言わされてしまう。しかし唯物主義者であるアーグルとしては、「穴」という、具体的個体ではあるかもしれないが物体とは言い難いような対象の実在性は当然否定しなければならない。そこで彼はまず、穴が一つ開いているとか二つ開いているという言い方を避けるために、それぞれの穴の数（自然数）に対応する無限個の穴あき形状用語（一項述語）を創り出して各々に割り当て、穴の数の違いをいわば穴の開き方（アーグルに即した形でより厳密に言えば、チーズの「穿たれ方」）の違いとして解釈することによって、穴という種類に属する個体への指示を回避しようとする。

これに対してバーグルは、まず第一に、そのように無限個の未定義述語を含む言語は、「習得可能な言語に含まれる意味論的未定義語は有限個である」という、デイヴィドソン（D. Davidson）らが提示した言語の習得可能性の基準に反することを問題点として挙げる。(3) つまり、アーグルが主張するような、他の語によっては定義できない無数の形状語を言語が含んでいるのだとしたら、私たちはそのような言語を全体として理解できないことになってしまうというのである。実際この場合、「じゅう穿ちされている」「ひゃく穿ちされている」「せん穿ちされている」……などの膨大な数の穴あき形状用語を私たちは習得しなければいけないことになる。問題となるのはその数の多さだけではない。例えば、「ひゃく穿ちされている」と「ひゃくいち穿ちされている」という二つの用語で表される各形状の微妙な相違を、数の概念に訴えることなく私たちは理解できなければいけない。そのためには、形状に関するきわめて強力な「想像力」が必要であろう。「私には豊かな想像力も有り余る時間もある」というバーグルの最後の言葉は、これら二つの点に対する辛辣な皮肉だったわけである。

これに対して、「穴が……個ある」という表現であれば、「穴」という一般名と「0、1、2、……」という自然数を表す数字だけですむ。もちろん後者は無限個存在するが、数字は、たとえば「ゼロ」と「後続者」という概念をそれぞれ表す二つの記号に還元できるので、未定義語を無限個必要とはしないのである。さらにバーグルは、「以下同様……」という表現の理解を問題にする。「ひと……」「ふた……」「みっ……」などの前置的表現は、それらの表現部分を数の表現として捉えてこそ、はじめて「以下同様……」という形で一般化できるのであって、それぞれを独立の未定義述語の中の単なる一部と見なす限りでは、そのような一般化は不可能である。そしてもしもその部分を数の表現と見なすならば、実質的に、「穴」と「自然数」という二つの概念を採用していることになってしまうだろう。

このバーグルの反論にアーグルはあっさりと屈して最初の説を撤回し、今度は、「…と〜は同じ穿ちされている」という、二つの対象における穴の同数性（これも厳密には、チーズの「穿たれ方」の同等性）を表す二項述語を採用することによって、数を用いないで穴の数の等しさを表現する方法を示す。しかしその方法では、穴どうしの同数性しか表現できない。その場合、例えばチーズの各穴に一つずつソーセージ片を詰め込もうとするとき、どれだけのソーセージ片を用意すればよいのか、ということを表現できないことになる。このことをバーグルは、「クラッカーに穴を開けないかぎりクラッカーの数とチーズの穴の数が同じだと言えなくなる」という形で表現したわけである。アーグルに従うかぎり「各クラッカーに（一つの）穴を開ける」とも言えないはずなので、バーグルは彼に合わせて、あえて「ひと穿ちする」という表現を用いているのがご愛嬌である。この再反論によって黙り込んでしまったアーグルは、結局ある形で穴の実在性を承認することになる（どのような形なのかについては、後述する）。

右の会話が示しているのは、穴という種類に属する個体に言及しない限り、世界において成立している「穿たれ的な」とでもいうべき諸状況を十全な形では記述できないということである。そしてそうした諸状況の存在を承認する以上、穴というものの存在を暗黙に前提せざるを得ないのである。以上を踏まえれば、私たちが紙に穴を開けるとき、私たちは穴という種類に属する一つの個体を創り出していると考えた方が、当初の思いに反して実はむしろ合理的だということになるだろう。「トンネル工事」とは、やはり文字どおりトンネルというひとつの個体を創り出すための工事なのである。モグラやネズミは、ただ土や壁を変形させているというよりは、やはり坑道や巣穴という環境を自ら創り出すことによって生きているのである。それは決して奇異な見方とは言えないだろう。なぜならば、まさしく哲学的反省以前に私たちは、「穴がある」「穴を開ける」「穴を掘る」「穴に入る」などの表現を自ら採用しているのだから。哲学的反省は、その正当性を確認させてくれただけなのである。

2 穴は回るか

レコード盤、コンパクトディスク、ペーパー・ロール、タイヤ、シリンダー錠など、私たちが日常使用するような回転物体には、その中心部分に穴が付きものである。その意味で、回転と穴とは親密な関係にある。しかし、ここで問題が発生する。中心に穴を持つ物が、その穴を軸として回転しているとき、その穴自体も回転していると言えるだろうか？ つまり、「穴は回っているか？」

まず第一に確認しておかなくてはいけないことは、穴が回転すると言えるためには、単に穴が具体的個体であると言えるだけでは駄目だということである。例えば、特定の空間領域やできごとなどは具体的個体といえるだろうが、それらが（少なくとも日常的な意味で）回転することはあり得ないだろう。何かが回転するためには、それが通時的同一性を保ちつつ全体的に持続する、実体的対象でなければならない[4]。

しかし、穴はもちろんできごとではないし、空間領域とも異なる。なぜなら、穴は動くことができるからである。私が動けば私の鼻の穴も動く。ピンポン球が投げられればその中の空洞も動く。しかし、最初に私の鼻の穴や球の空洞が位置した空間領域そのものが動くことはない。そして動くことができるということは、そこに通時的同一性が成立しているということである。とすれば、穴は少なくとも回転するためのひとつの必要条件は満たしていることになる。

とはいえ、やはり穴が回るはずはない。なぜならば、穴であるとは、そこには何もないということだからだ。つまり、穴は何によってもできていない。とすれば、そもそも回るもの自体が存在しないのだから、回りようがないだろう。いやしかし、まさに穴というものがあるではないか。だからこそ、穴が回るかどうかをいま問題にしているのではないか。実際、穴は何によって形作られているかといえば、その穴の周囲の物体の内側の縁に他ならない。そしてその縁は確かに回っているのだから、穴も回っていると言わざるを得ないだろう。いや待てしかし、確かに物体の内部の縁によって穴が形作られているかもしれないが、それは必ずしもその縁が穴の一部であることを意味しないだろう。その縁はあくまでも穴を取り囲む（ということは、それ自体は穴ではない）物体の一部なのであって、穴の一部ではない。したがって、その縁が回転しているということは、穴自体が回転していることを意味しない……。

穴は回っていない、という右の主張を正当化できそうな具体的事例はないか、考えてみよう。次の例は、ルイス夫妻が前述の論文のなかで示した例である。——いま、キッチンペーパーロールのトンネル状の空芯があるとする。それを、トンネルを中心として時計回りに回転させてみよう。もしも穴も回転するならば、そのトンネル状の穴全体も時計回りに回転しているはずである。さてここで、トイレットペーパーロールの空芯も用意しよう。こちらの直径の方が小さいので、キッチンペーパーロールの空芯の中にそれをすっぽり収めることができる。そこで、時計回りに回転しているキッチンペーパーロールの空芯のなかにトイレットペーパーロールの空芯を差し込んだうえで、それを反時計周りに回転させてやる。もしも穴も回転するならば、トイレットペー

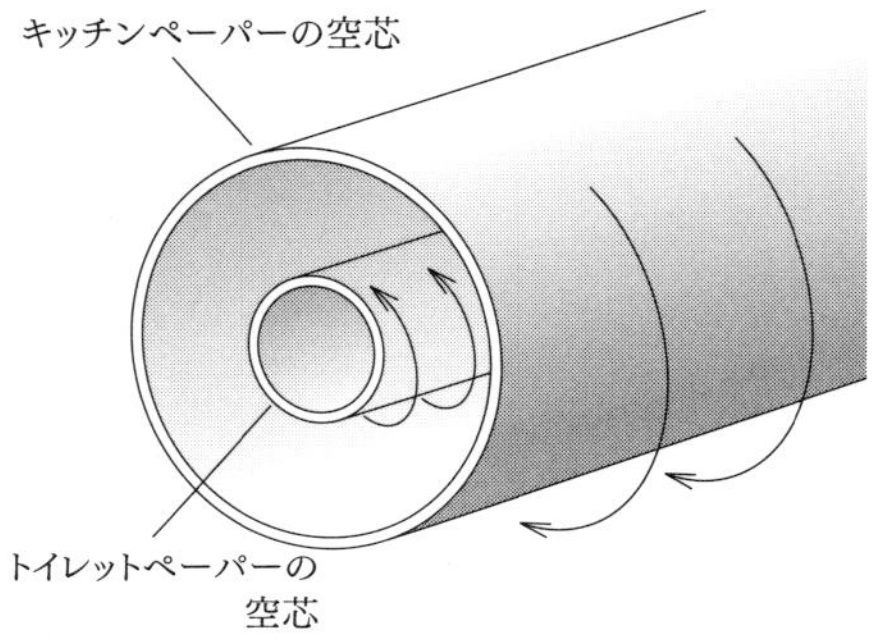

図1　二重ペーパーロール

パーロールのトンネル状の穴は、反時計回りに回転していることになる。

しかし、これはあり得ない。なぜならば、トイレットペーパーロールの穴はキッチンペーパーロールの穴の一部分でもあるので、その部分は、反時計回りに回転していると同時に時計回りにも回転していることになるという矛盾が生じてしまうからである。トイレットペーパーロールの穴は、大小の二つの穴によって共有されているとはいえ、その部分だけ見れば、あくまでも「一つの」穴である。したがって、それが右回転すると同時に左回転もしているなどということは不可能である。だとすれば、やはり、そもそも穴が回転すると仮定することが誤っていたのである。

だが一方、逆に、穴は回っている、という主張を正当化できそうな具体的事例もある。次は、これまた古典的と言えるカサティとヴァルツィ（R. Casati and A. Varzi）の共著『穴とその表面的な仲間たち（Holes and Other Superficialities）』（以下では『穴』と略称）において提示された例である。(5)——いま、楕円状の穴が開いている円盤があるとする。それを回転させたとき、正円形の穴の場合と異なり、その楕円状の穴は明らかに回転しているように思われる。だとすれば、やはり穴も回転すると考えるべきだろう。つまり、穴も周りの物体と同様回転しているのだが、たまた

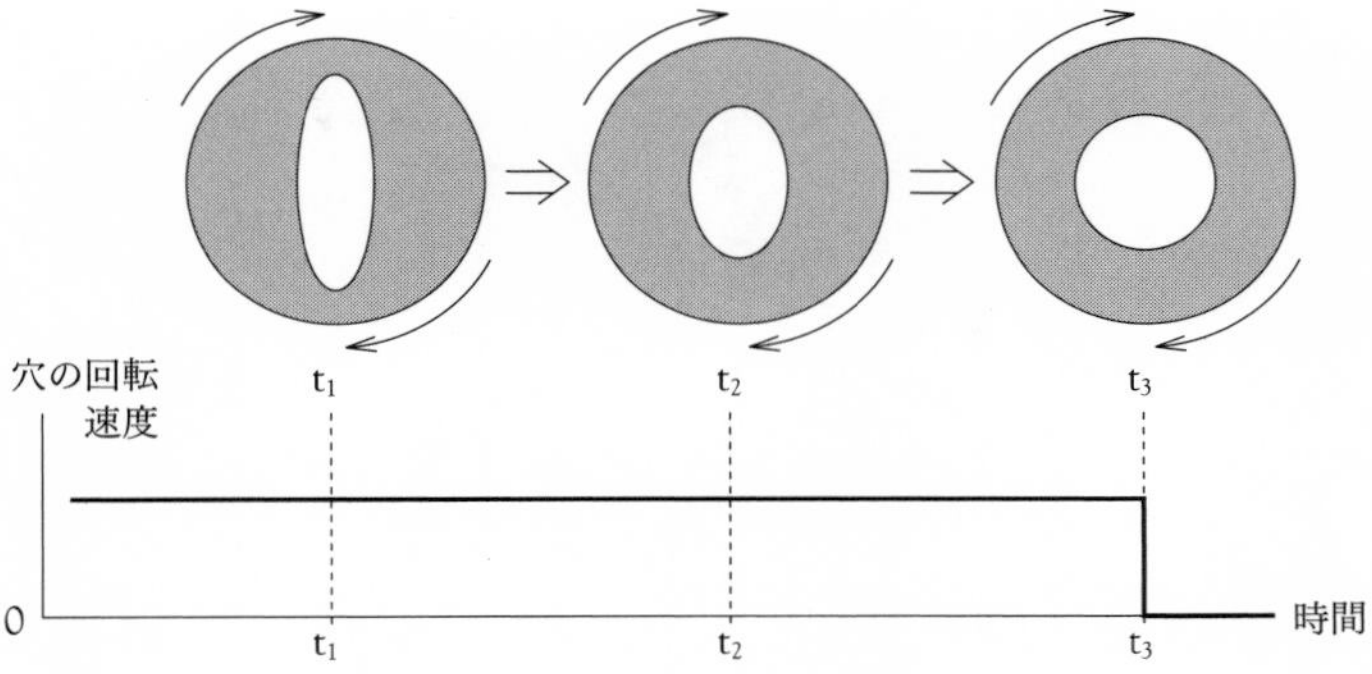

図2

まその穴が正円形である場合には、あたかも静止しているかのように見えるだけだ、というわけである。ただ、これに対しては、「楕円と正円は別なのだ。確かに楕円の穴は回転するかもしれないが、正円の穴はやはり回転しない」と反論する余地がある。

これに対してカサティとヴァルツィはさらに次のような事例を挙げる。いま、楕円形の穴が開いている物体が回転しているのだが、その穴の形が少しずつ変形していって、当初楕円だった穴がある時点で正円になるとする。その場合、もしも正円の場合には穴は静止していると考えるならば、その穴が正円形になる直前までは穴は一定の速度（どれだけ高速でもよい）で回っていたのに、正円になったとたん、ぴたりと静止することになる。注意すべきは、その止まり方である。それは決して回転速度がカーブを描いて減速していった後にゼロになるのではなく、正円になった瞬間に、デジタル的にそれまでの任意の一定速度から突如ゼロになるということである。このような変化は、「事象は飛躍せず」という原則に照らす限り、起こり得ないと考えるべきであろう。また、単に止まり方の問題だけではない。この選択肢を選んだ場合、なぜ楕円の場合は穴は回るのに正円の場合は回らないのか、という問いに対する整合的な説明を求められることにもなる。以上を勘案すれば、穴は、それが楕円だろうが正円だろうが、やはり回転すると考えるのが妥当だろう。

さて、こうして一種のディレンマが生ずることとなる。すなわち、穴は回るという主張と回らないという主張のいずれに対してもそれを正当化できそうな議論がそれぞれ存在するのである。この事態にどう対処すべきだろうか。「そんなの考え方次第だ」「どちらでもよい」という声がただちに聞こえてきそうだが、本書では、そのような回答への誘惑には、常に最後の最後まで抵抗するという方針を採用する。

その理由は、まず第一に、一見どれほど些細に見える問題であっても、そこにいささかでも何らかの哲学的意義が潜んでいる可能性がある限り、徹底的に問い詰めていくことが、哲学的態度というもののひとつの重要な側面だと考えるからである。若き日のラッセル（B. Russell）がブラッドリー（F. H. Bradley）の言葉を引用しながら述べているように、哲学（形而上学）とは、「明晰に考えようとする、異常なまでにしつこい試み」という特徴を持つ独特な人間的営みなのである。[6] どの程度「明晰に」考えられるかはわからないが、少なくとも「しつこく」は考えてみようと思う。

第二に、通常、どこまでも考え方次第ということはあり得ないからである。たとえば、穴が数であるとか、穴が誰かの信念であるなどということはどう考えてもあり得ないだろう。すなわち、考え方の幅には常に限度がある。その限度は、他の事柄に関する諸々の考え方との整合性によって、そして何よりも実在によって、制限される。したがって、考え方次第という答えを与える者には、どの程度まで考え方次第なのか、ということを明示する義務がある。そのためには、実際に考えてみるしかない。

そして最後に、仮に最終的にやはり考え方次第だった、ということになるにせよ、どのように考え方次第なのかということ、どう考えれば答えAに到達し、どう考えれば答えBに到達するのかということがわかったとすれば、我々の知についてのひとつの知を得たという点で、それだけでも十分な哲学的意義があるだろう。

3　穴とは何ものか(1)——物体としての穴

というわけで、さらに考えていくことにするが、穴が回転するかどうかを判定するためには、結局のところ穴とはいかなる種類の対象なのか、ということを正確に定義する必要があるだろう。そこで、ここからは、考え得る穴の定義をいくつか見ていこう。

1　穴周り（hole-lining）説（ルイス夫妻）(7)

穴を物体の一種と考えることができれば、回転の問題についても他の物体と同様に考えられるので、答えを与えやすいだろう。この選択肢を選んだのが、先ほどのアーグルである。唯物主義

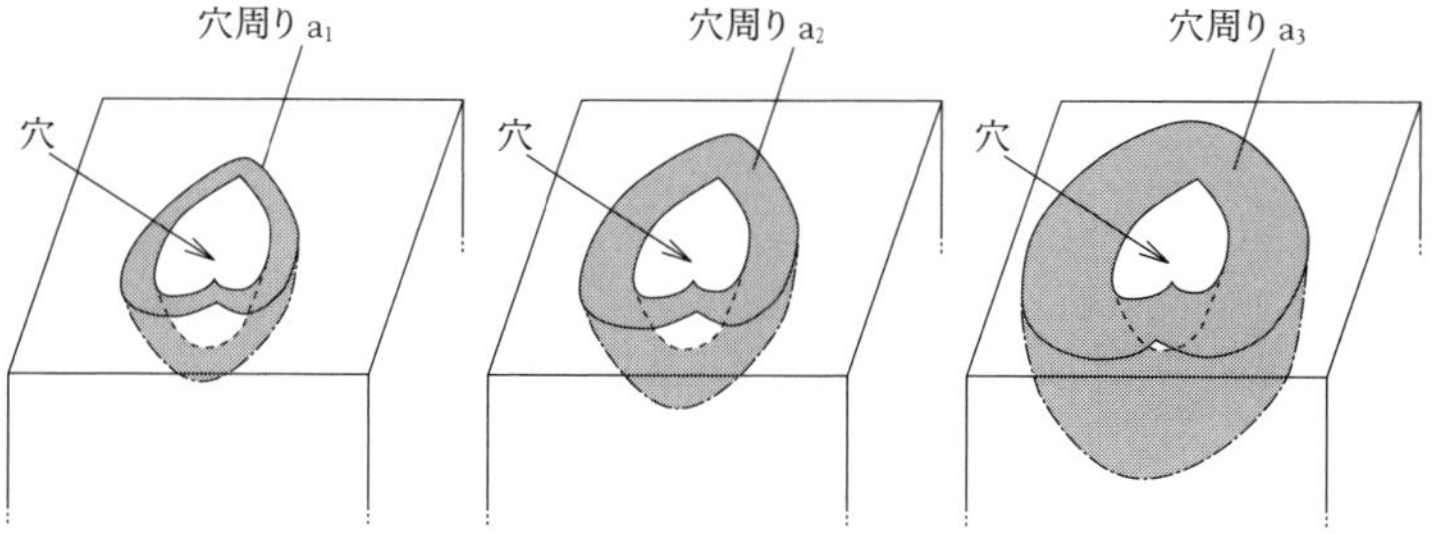

図3

者でありながら穴の存在を不本意ながらも承認させられてしまった彼には、何とかして穴を物体の一種と考える他に途はなかった。そこで彼は、穴とは、実は穴の周りの物体の一部、すなわち、空白部分ではなく、その空白を形作っている物体の部分こそが穴と考えられるべきだと主張したのである。そのような穴である物体部分を「穴周り」と彼は呼んだうえで、それぞれの穴に対して（一連の）穴周りがひとつ存在し、逆にそれぞれの（一連の）穴周りに対して穴がひとつ存在するのだから、結局、穴は（一連の）穴周りと同一であると考えてよいと彼は主張する。(8)

このように考えることの最大のメリットは、言うまでもなく、「非物体的な具体的対象」なるものを認めずに済むということ、すなわち、物理主義者でありながら穴の存在を承認できるということである。そしてこの立場によれば、明らかに、穴は回転することになる。穴を擁する物体が回転すれば、当然その一部である「穴周り」も回転するからである。そしてこの立場を採用すれば、先ほどの、二重ペーパーロールの矛盾も回避できる。なぜなら、穴とは実は穴周りのことであるとすれば、トイレットペーパーの空芯によって作られる小さな穴はキッチンペーパーロールの空芯によって作られる大きな穴の部分ではないことになり、その結果、両者は共通部分を持たないので、両者が逆回転していたとしても何ら問題は起こらないからである。穴周り説のもとでは、小さな穴は、大きな穴の内部（実はこの後、「内部」の意味が問題となるのだが）にあったとしてもその部分ではないのである。先ほどの矛盾は、両者によって共有される部分が時計回りであると同時に反時計回りであるということによって引き起こされるものであった。しかし実際は、個々のペーパーロールが逆回転することに何の問題もない以上、それぞれの一部分である穴周りが逆回転することにも問題はないわけである。

このように、穴周り説は、いかにもすっきりと穴にまつわる諸々の問題を解決してくれるように思われる。しかし、実はこの穴周り説による定義を採用すると、語用論上不自然な点がいくつか生じてしまうことをバーグルは指摘する。たとえば、「穴周りが穴を取り囲んでいる」ということに、「穴は穴周りと同一である」というアーグルの主張を加えると、「穴が自分自身を取り囲んでいる」という奇妙な事態が成立することになる。また、「チーズに穴が開いている」「穴がチーズを貫通している」などの主張は、いずれも「穴はチーズの一部である（すなわち、穴はチーズでできているということになる）」という意味として解釈されなければならないだろう。穴周りは、あくまでもチーズの一部だからである。二重ペーパーロールの例においても、穴周り説に従えば、実はトイレットペーパーロールの穴はキッチンペーパーロールの「中にある」とは言えないことになる。キッチンペーパーロールの穴とは、ペーパーロールの一部であるところの穴周りであるのだから、その「中」とは、ペーパーロールの穴周りの部分の内部、すなわち（ペーパーロールの素材としての）厚紙の一部であることになるからである。これと同様のことは、「穴の外」「穴の大きさ」「穴を広げる」「穴を狭める」などの例においても起こる。

これらの問題点に対してアーグルは、確かに私たちは日常的にはそのような表現を用いないが、哲学的分析によってそれらが正しいと認められるならば、それらの真実を受け入れ、日常的語用法にも改変を加えなければならないと主張する。すなわち、アーグルによれば、「AがBを取り囲む」という表現においてAが穴周り、Bが（日常的意味における）穴である場合は、実は「AはBと同一である」という意味だと解釈されるべきであり、また、実際に穴はチーズでできていると考えるべきなのである。

しかし、実は穴周り説にまつわる困難は、これらの日常的語用法の問題のみにとどまるものではない。この立場には存在論的な問題点もいくつかつきまとう。(9) まず第一は、穴の「同一性」に関する問題である。通常の意味における一つの穴に対する穴周りは無数にあり得るので、日常的な意味での「一つの穴」とは穴周り説によれば「それ自体が（穴周り説の定義によるところの）穴であるような共有部分を持つ、多数の穴周り（の集まり）」であることになる。先ほどの図3で言えば、穴周りa_1、a_2、a_3、……が、「それ自体が（穴周り説の定義によるところの）穴である」穴周りa_1を共有している多数の穴周り（の集まり）としての「（日常的な意味での）一つの穴」であることになる。

しかし、この考え方に従うと、例えば次の図4のような場合、穴が果たして（日常的な意味において）何個あるのかがわからなくなってしまう。

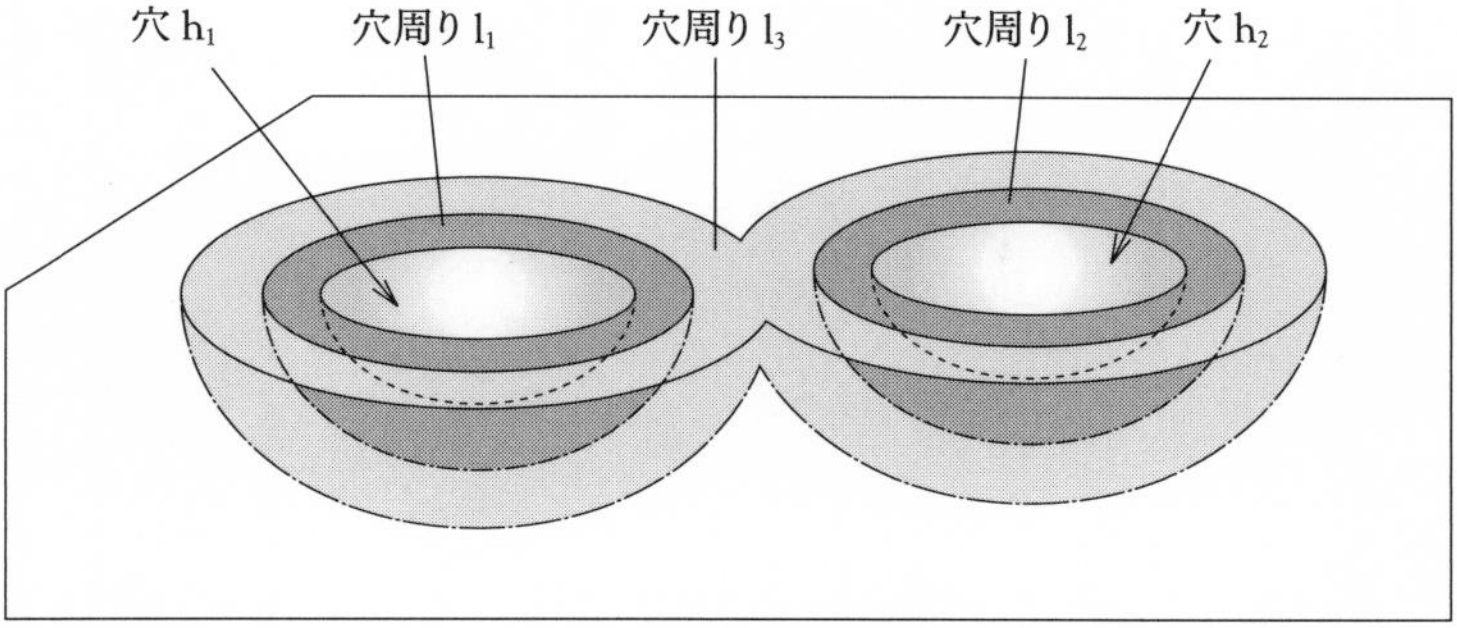

図4(10)

というのも、このような場合、穴周りl_1と穴周りl_2はそれ自体が（穴周りとしての）穴であるような共有部分を持たないので、二つの異なる穴であるはずである。しかし、両者を穴周りl_3と比べてみたとき、l_1とl_3、l_2とl_3はそれぞれ、それ自体穴であるところのl_1、l_2を共有しているので、$l_1 = l_3$、$l_2 = l_3$が成立してしまう。すると、同一性の推移性により、$l_1 = l_2$が成立する。すなわち、穴周りl_1とl_2は同じ穴、ということになってしまうのである。この帰結を回避するために、穴周りどうしの二項関係としての「同じ穴（is-the-same-hole-as）」という「穴－同一関係」においては推移律が成立しないと考えることもできる。しかしそうすると今度は、右の場合、実は穴周りl_1、l_2、l_3に対応する三個の穴がある、ということになりかねない。これはいかにもおかしな話である。

　この問題は、各穴周りどうしの位置関係に関する位相論的な制約を課して、結果的に、ある穴周りが日常的意味での二つの穴の穴周りとなることはないことを保証することによって回避できるかもしれないが、仮にそうだとしても、例えば図4のような場合、h_1の穴周りとh_2の穴周りをどの位置で区分けするのか、という別の問題が生ずる。それは任意だ、ということになると、もはや穴周りとは、私たちの規約に依存した、非実在的・主観的対象であるということになってしまうだろう。これは、少なくとも穴に関する物理主義者にとっては好ましくない帰結のはずである。

そして実際、この帰結は、穴周り説が抱える、より根本的な存在論的問題を示唆している。それは、そもそも日常的な意味での一つの穴を構成するそれぞれの穴周りが、それが穴を含む物体全体である場合を除いて、すべて穴を含む物体の「可能的（potential）」部分、「恣意的（arbitrary）」部分でしかない、ということである。すなわち、各穴周りがいったいどのような形で切り出され、どのような存在論的資格を持っているのかが、必ずしも明瞭でない。「穴周り」という対象の存在論的身分が、ひょっとしたら日常的な意味での「穴」以上に不確かであるかもしれないのである。

この問題も、例えば、穴周りとして、穴を含む物体全体のみ、あるいは、穴の表面のみに限定するという対処法が考えられる。しかしいずれの場合にも、先ほど挙げたような語用論的問題は依然として残る。そして前者は、穴の数が何個か分からなくなるという先ほどの問題を抱え込むうえに、穴を擁する物体（今後、それを穴の「ホスト」と呼ぶことにする）そのものを穴と呼ぶという、いかにも不自然な帰結を招いてしまう。後者は、「そもそも表面とは何か」という、表面の存在論的資格についての問題を呼び込むことになる。表面とは果たして「物理的対象」と言えるものなのだろうか。表面の問題については、次章で詳しく取り扱う。

2 サイト（site）説（グレノンとスミス）

穴周り説の諸問題の多くは、その定義が穴の全体を捉えておらず、まさに穴の周りという、穴のいわば「外縁部」のみにしか関わっていないことに由来すると考えられる。「穴の外」「穴の大きさ」「穴を広げる」「穴を狭める」などの表現に多義性が生じてしまうことなどは、その問題点の典型的現れである。そこで、穴の「内部」にも着目したうえでやはり物体的対象の一種として穴を定義しようとする立場が、グレノンとスミス（G. Grenon and B. Smith）が示した、穴の「サイト説」である。[11]

「サイト（site）」とは、種々の対象がそこに収容される、一種の「場所」だと言えるが、（原則的に）移動可能だという点で、空間的「領域（region）」とは区別される、一種の実体的対象を表す用語である。窪み、空洞、トンネルなどの穴や、生物の居住空間としてのニッチ、環境などがこれに当たる。例えば、飛行機の機内はサイトの一つと考えられる。飛行機が停泊中に位置していた空間領域自体が移動するということはないが、飛行機の機内はもちろん出発とともに移動する。そして移動可能だということは、同一性を保ちつつ持続的に存在する一種の実体的対象と見なせるということである。ただしこの場合は、穴周り説におけるような純然たる物体というよりは、一種の環境的対象として穴を捉えることになる。

サイトとしての穴は、その穴を擁している物体すなわちホストの表面（の穴に接している部分）によって作られる穴の「境界」（通常は固体）と、穴の内部としての「媒質」（通常は、気体や液体）から成る複合体と考えられる。比喩的に言えば、穴とは、ちょうど薄皮によってできた

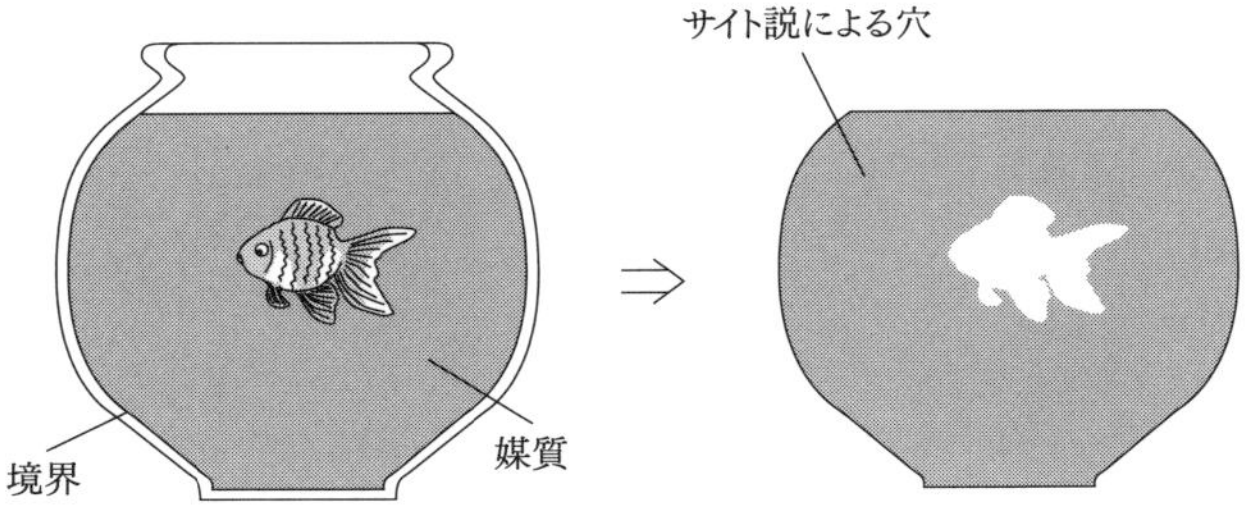

図5

容れ物とその中に満たされた液体または気体とで構成されるようなものだと言える。[12] この定義によって、領域と穴とのもう一つ重要な相違が生ずる。それは、穴の中に存在する何らかの対象は、それが位置している領域とは重なり合うのに対し、穴に対しては重ならない、ということである。いわば、その対象は、穴の中の媒質を「押しのけて」そこに存在することになるからである。これに対し、対象が空間領域そのものを「押しのける」ということはない。対象が領域に対して持つ関係を「位置する（be located at）」、対象が穴に対して持つ関係を「占拠する（occupy）」と呼び分けることによって両者は区別される。

そしてこのように考えると、二重ペーパーロールの矛盾は回避される。というのも、キッチンペーパーロールの中のトイレットペーパーロールは、前者によって作られる穴を「占拠」している一つの対象であり、穴とは重複しないと考えられるからである。あの場合、キッチンペーパーロールによって作られる大きなトンネルは、厳密に言えば、回転軸方向から見た場合、トイレットペーパーロールの部分を取り除いたドーナツ型をしているということになる。したがって、トイレットペーパーの穴は、重複によってキッチンペーパーロールの穴の一部を共有することはないので、トイレットペーパーロールがキッチンペーパーロールと逆回転したとしても、何ら問題は生じないのである。

このように、穴のサイト説は、媒質と境界とから成る複合体として穴を捉えることにより、穴の全体性を捉えたうえで、穴の物体性と回転可能性を両立させることができる。その結果、穴周り説のような極端な語用論的・存在論的歪みが生じない。とはいえ、その代償がまったくないわけではない。まず第一に、先ほど見たように、穴を媒質と境界の複合体としたことによって、それを占拠する対象の有無や形状に依存して穴自体の形も変わることになってしまう。何かを収容するたびに穴の形そのものが変わるというのは、何か妙な話である。また、たしかに穴の回転による矛盾は回避できるが、媒質と境界は別々の個体なので、両者が逆回転していたり、一方が静止しているのに他方が回転している、という状況が考えられる。とすれば、例えば「穴が右回りで回転している」というのは、本来は「穴を構成する媒質と境界とが、たまたま、ともに右回りで回転している」と表現されるべき複合的状況の一種の省略形であることになる。しかし、私たちが穴の回転を語るとき、媒質と境界との区別を意識しているだろうか。あくまでも何か一つの対象の振る舞いとして記述しているのではないだろうか。

これらの問題も、穴周り説の場合と同様、日常的な意味での「穴の形」が穴の境界の形を表すのに対し厳密な意味での穴の形は媒質の形も含むことにするとか、日常的な意味での「穴の回転」もいま述べたような一種の省略形だと考えることにする、などの規約によって解消することはできる。しかし、こうした日常的語用法とのズレは、穴のサイト説が抱える何らかの根本的

「不自然さ」を示唆している可能性がある。ちょうど、穴周り説における語用論的な諸問題が、穴の外部のみしか捉えていなかったという穴周り説の本来的問題点の現れであったように。

実際、再び穴周り説のときと同様、このサイト説にも存在論的問題が伴う。それは、この場合も穴の「同一性」に関わる問題である。もしも穴が媒質と境界の複合体なのだとしたら、媒質または境界が別のものになることによって、穴自体も別の穴へと変わることになると考えることは自然だろう。例えば、グラスに水が入っている場合と入っていない場合では、グラスによって形成される穴（窪み）の媒質がそれぞれ水と空気という異なるものなので、それらを構成要素とする各穴も、異なる穴ということになるはずだ。つまり、グラスに水を注いだとたん、そのグラスの内部の穴（窪み）は別の穴に変わるということだ。しかし私たちは、媒質の出し入れによって穴そのものを取り替えているとは考えないだろう。

もちろん、ちょうど生物や複合的人工物におけるように、その部分や素材が入れ替わったとしてもその機能が保持されている限り全体としての同一性を保つ、と考え得る場合はある。しかし右のような変化は、サイト説におけるようにグラスの内部を一種の「環境」の一部として捉えたときは大きな変化であり、まさにそこは別の「環境」になったといわざるを得まい。言うまでもなく空中と水中では環境としてまったく異なるものだからである。やはりこのことは、「穴に水を注ぐ」というときに想定されている「穴」が決して「環境」を意味していない、ということを物語っているのではないだろうか。

このように、サイト説が穴周り説と同様の困難を抱えてしまうのは、やはり両者に共通する根本的な問題点があるからだと思われる。その問題点とは、両者は「穴周り」「媒質」などの概念を用いて「穴」を定義しようとするのだが、実はむしろ「穴」という概念に依存して初めて「穴周り」「媒質」という概念が成立するのではないか、ということである。穴周りを穴周りたらしめるのは、まさにそれが「穴」を取り囲む何かだからであり、媒質を媒質たらしめるのは、それがまさに「穴」に充填された何かだからである。例えば、アーモンドをチョコでくるんだアーモンド・チョコを誰も穴とは見なさない。それは、誰もアーモンドを「媒質」とは見なさないからである。もちろん、それはアーモンドが固体だからであって、媒質とは液体または気体に限る、という限定を加えればよいかもしれない。しかしその場合も、ではなぜ液体や気体のみが媒質の資格を持ち得るのか、ということが問われねばならない。おそらくサイト論者は、そうでなければ、何かがそれを占拠するような「場所」とはいえなくなるからだ、と答えるだろう。しかしそうだとすれば、何がそれを一種の「場所」たらしめるのか、とさらに問うことが可能である。すると、結局はそれが一種の「穴」だからだ、ということにならないだろうか。やはり、穴が環境的対象であるのではなく、一種の穴であるという構造的性質が、環境というものを成立させると考えるべきだろう。

以上のように、穴周り説、サイト説はいずれも、穴を前提として初めて成立する概念を用いて穴そのものを定義しようとする悪循環を犯している。そしてそれは、多かれ少なかれ、穴をその部分的側面にすぎないものに還元しようとする還元主義的な誤りともなっている。実際、こうした過ちは、それらの背景にある物理主義が往々にして招きがちな典型的タイプのものである。そしてこの還元主義的視野狭窄によって、穴というもののある重要な本質が完全に見落とされているように思われる。

4　穴とは何ものか(2)——欠如としての穴

穴周り説、サイト説という、物体の一種として穴を規定しようとする物理主義的立場が見落としてしまう穴の本質的側面とは、穴が一種の無であり、欠如だということである。つまり、そこに何もないということが穴を穴たらしめる重要な要素である。物体として穴を捉える立場では、この観点がすっぽりと抜け落ちてしまうことになる。ここでは、欠如としての穴、という観点を中心に提示された穴の定義について検討する。

1　否定的部分（negative part）説（ホフマンとリチャーズ）

私たちは、「壺の中にハエが入っている」「脳は頭蓋骨の中にある」などと語る。しかし、壺といえば、そこに液体を注ぎ込めるような形状を持つ陶磁器（など）であり、頭蓋骨も、空洞を包み込むように湾曲している板状の薄い骨である。だとすれば、何かが「壺の中にある」とか「頭蓋骨の中にある」とは、文字どおり取れば、そうした薄っぺらい陶板とか骨とかの中にさらに薄っぺらく何かが埋め込まれている、という意味になるはずである。

しかしもちろん、私たちは「壺の中」と言えば「壺の素材である薄い陶板によって形作られて

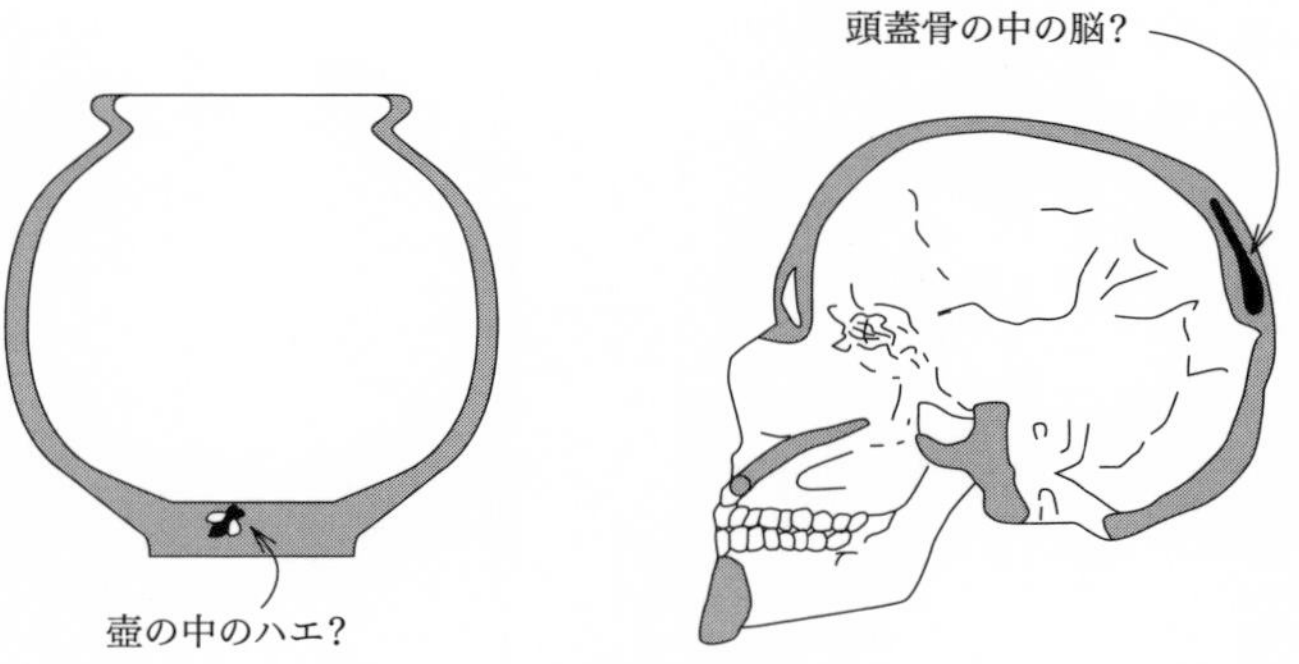

図6

いる窪みの中」であり、「頭蓋骨の中」と言えば「頭蓋骨を形成している骨によって包み込まれている空洞の中」であると、自然に解釈する。

だとすれば、私たちは単に壺や頭蓋骨の物質的な部分だけでなく、窪みや空洞の部分も含めて「壺」「頭蓋骨」と呼んでいると考えられるだろう。すなわち、物質と（穴という）非物質との合成体としてそれらを捉えているということである。これは、いささか興味深い事実である。というのも、物質的な存在者としての身体と非物質的な存在者としての精神とが共在し得るのか、共在し得るとすればどのような形においてなのか、といったことを考えるいわゆる「心身問題」という大がかりな問題を持ち出さなくても、壺、箱、水道管、頭蓋骨、胃袋などのごく日常的な対象において、私たちは物質と非物質の共在を何の抵抗もなく受け入れていると言えなくもないからである。そして、例えば身体を有する存在者としての「人物」というものが、何らかの精神性の所有をその本質とするのと同様、窪み・空洞・トンネルなどの「穴」を持っていることが、壺、頭蓋

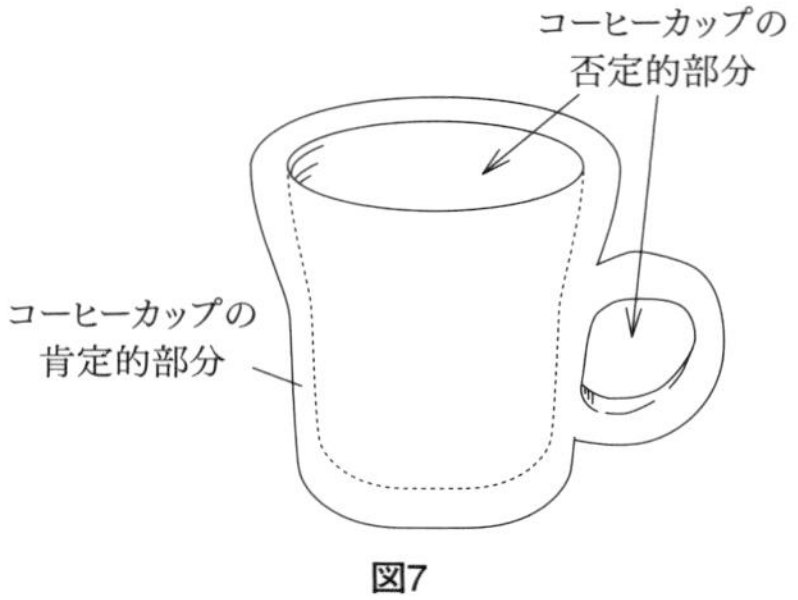

図7

骨、水道管などの物体にとってはそれらをそれらたらしめる本質である、という点においても類比が成立する。非物質的な要素を本質とする物体、というものがごく当たり前に存在することを、穴は教えてくれているのである。

それはさておき、右のように、壺や頭蓋骨の概念が、窪みや空洞をも含んで成立しているということに着目して提示された穴の定義が、「否定的部分説」である。この考え方は、ホフマンとリチャーズ（D. D. Hoffman and W. A. Richards）による「認知の諸部分（Parts of Recognition）」と題する論文の中で示された。[13] この論文の目的は、私たちが物体の形状を認識するあり方を分析することにあり、私たちが物体を諸部分に分割しながら物体を認知すること、その際、諸部分の形よりは諸部分の境界付けに関するある種の規則を用いながら分割を行うこと、諸部分の特徴や相互関係が、物体の形状を記憶する際の指標となっていること、などを彼らは主張した。

その中で彼らは、壺や頭蓋骨のような、穴を擁する物体すなわちホストの形状を私たちが認知する際には、ホスト全体の形から、穴の部分の形を引き去ることによってその形状を認知する、という見方を示し、その意味で、穴はそのホスト全体の特殊な部分、すなわち、「否定的」部分であると考えるべきだと主張した。これに対し、通常の物質的部分は、「肯定的（positive）」部分であるということになる。こうして彼らは、物体の「部分」には「否定的部分」「肯定的部分」の二種類があると考えたうえで、諸部分に基づく物体認知の理論を構成したのである。

彼らは、あくまでも認知論的観点からこの否定的部分説を提唱したのであるが、それを存在論的に捉え直した場合、この考え方は、穴を物体の（特殊な）一部と見なすことになるので、穴周り説、サイト説と同様、穴を物体の一つとして規定する理論の一種と言えなくもない。ただ、その場合も、物体の概念そのものの中に、非物質的な要素が含まれることになるので、純粋な唯物主義とは言えないだろう。むしろこの考え方の特質は、穴というものを本来あるべきもの、あったはずのものの欠如として捉えているところにある。部分とは言え、それがあくまでも「否定的」なものであるという発想は、穴周り説、サイト説にはまったく見られない。

このように、否定的部分説の最大の長所は、何らかの欠如や無によって成立するという穴の本質を的確に捉えていることである。しかしそれ以外にもいくつかのメリットがある。[14] まず第一に、先ほど挙げたような、穴を含む物体に関する日常的な語用法との一致である。たしかに私たちは、穴を壺や頭蓋骨の一部として認定していると考えざるを得ないような語り方をしているのである。さらに、「穴」という概念を未定義概念としなくても、「部分」と「否定」という基本概念だけを用いて穴を定義できるという点での概念的経済性を得られるという、理論構成上の利点も認められる。部分性と否定性に関する一般理論の一応用例として、穴の理論を位置づけることが可能となるのである。

また、「穴は回転するか」という問いに対しても、否定的部分説は回答へのいちおうの指針を与えることができる。それが「否定的」という特殊性を持つとは言え、穴が物体の一部である以上、物体が回転すれば、穴も回転していると考えるのが自然だろう。穴とは、本来あったはずの物質の欠如だとすれば、本来そこにあったはずの物質も、その周囲の物質と同様回転していたはずなので、やはり穴も回転する、ということになるだろう。本来あったはずの物質とその欠如としての穴とは、「肯定的」であるか「否定的」であるかにおいて異なるだけであるので、「回転可能性」という性質そのものにおいては相違はないと考えるべきだろう。

しかし、だとすると、逆回転する二重ペーパー・ロールの問題を呼び込むことになる。果たしてその矛盾を否定的部分説は回避できるのだろうか。今回の場合、穴周り説やサイト説のように、そもそも両者が共有する部分はないと考えることはできない。小さなペーパー・ロールの否定的部分としてのトンネルは、明らかに、大きなペーパー・ロールの否定的部分の一部と重複しているからである。そこで考えられる解決法は、否定的部分としての穴については、その「否定性」という特殊事情のゆえに、重複する二つの否定部分が逆回転していたとしても、そこから矛盾は生じない、と主張することである。

この解決法は、一方で穴を物体の一部としておきながら、都合が悪くなるとその「否定性」という特殊事情を持ち出してその物体性から帰結する困難を回避するという、二枚舌によるアド・ホックな戦略の嫌いがある。しかし、私たちが通常、重複する穴が逆回転していたとしてもそこに特に問題を見出さないという実感をうまく説明してくれているとも言える。穴とは無であり、欠如であるからこそ、重複する穴が逆回転しようとも何ら問題は起きないのである。だがそうであれば、むしろ最初から、穴とは無であり欠如であるがゆえに「回転しない」と言い切った方がよいのではないか。しかしそうだとすると、今度は逆に、穴がどのような意味であれ「物体の一部」である、ということの根拠が希薄になってしまうだろう。結局のところ、物体の一部でありながら否定的であるということによって、穴がどのような物理的属性を有する存在者であるのかがわからないのである。少なくともこの点に関しては、穴周り説・サイト説のほうが明快な立場であり、それゆえに穴の回転可能性についてもより明確な答えを与えることができたのである。

こうした迷いは、否定的部分説が抱え込み得る、より大きな問題点を示唆する。ひとつは、否定的部分説が持つと考えられた理論構成上の優位、すなわち、部分性と否定性に関する一般理論への穴理論の還元によって得られる効率性が、必ずしも予想どおりではないかもしれないという懸念である。穴の重複部分の逆回転の問題との関連で言えば、同じ「重複」というメレオロジー(Mereology)(部分論)の基本概念について、「肯定的部分」どうしの重複、「否定的部分」どうしの重複、「肯定的部分」と「否定的部分」の重複という三種類の重複があり、肯定的部分どうしが逆回転すると矛盾が生ずるが、否定的部分どうしであれば矛盾しない、という相違が帰結することになる。[15] すると、なぜそのような相違が帰結するのか、また、「肯定的部分」と「否定的部分」との重複の場合はどうなのか、といったことを説明してくれる一般原理がそこで必要となる。つまり、「部分」や「重複」などの概念の多種化によってメレオロジーという一般理論自体が複雑化する、言い換えれば、その一般性が減少してしまうという事になりかねない。

実際、こうした問題は、他にもいくらでも挙げられる。例えば、否定的部分自体が部分を持ち

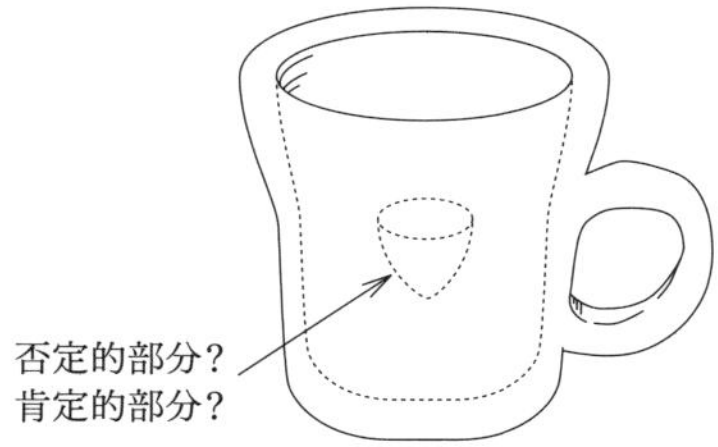

図8

得るとすれば、その場合にも肯定的部分と否定的部分があることになる。しかし、否定的部分の否定的部分とは、何だろうか。否定の否定によってそれは結果的に「肯定的」部分ということになるのだろうか。つまり、穴の中にある物体は、「穴の否定的部分」だと言ってよいのだろうか？

これらの例から窺えるように、穴という特殊な対象を説明するために部分や重複の概念を多種化することは、実は、諸理論の基盤となる一般理論としてのメレオロジーにおける修正を行うことであり、可能ならば基礎レベルでの修正よりも末端レベルでの修正を選ぶべきだという、より基本的な理論構成原理に反していることになる。むしろそれよりは、「穴」という対象を特殊な存在者として認定したうえで、穴に関する特殊理論としての「穴理論」を構成した方が、大局的には理に適っていると言えるであろう。

さらに、「否定性」という概念に関しても、また別種の存在論的問題が生ずる。それは、穴が物体の欠如だという場合の「欠如」の客観性の問題である。例えば、リング形のドーナツについて考えてみよう。否定的部分説によれば、ドーナツは、穴による否定的部分と小麦粉による肯定的部分との合成によるひとつの物体であることになる。しかし、いま小麦粉を練り、それをいったん棒状に整えた後に、それを丸めて先端どうしを繋げることによって、ドーナツを作ったとし

図9

よう。その場合、棒状に練られた小麦粉の先端どうしを繋げた途端、それによって作られた穴が、物体の一部（否定的だとはいえ）として出現する、ということになるのだろうか。これはいかにも妙な考え方ではないだろうか。つまり、たしかにドーナツは、円盤状に練られた小麦粉からその真ん中部分を抜き去った結果としても考えられるが、同時に、棒状に練られた小麦粉を撓めて作った結果としても考えられるということである。だとすれば、ドーナツの穴が、どのような意味であれ、物体の一部であると言ってよいか否かは、まさに「考え方次第」ということになるだろう。

このような事例は、他にもいくらでも挙げられる。例えば徳利の否定的部分としての穴は、当然、それらの中空部分だと考えられる。また、自動車の否定的部分は、その車内であろう。しかし原理的には、図9で示されるような部分も、本来あった物体部分の欠如としての否定的部分だと言えないだろうか。

これらの例が示すのは、「欠如」と言うためには、物体がもともと持っていた形、その本来の形という概念を前提とするのだが、いずれが元々の形、本来あるべき形であるかは、これもやはり考え方次第だということである。ホフマンとリチャーズは、もともと認知論的関心のもとでこの否定的部分説を提示したのであるから、それが穴を含む物体を見る際の我々の「見方」にすぎないという帰結は、むしろ歓迎すべき事であろう。しかしそれを存在論的な文脈のもとでの主張として捉え直したときは、結果的にこの否定的部分説は、穴の主観性すなわち非実在性の主張へと繋がりかねない。もちろん、それを受け入れること、すなわち、穴とは私たちの主観に依存する存在者であると考える、穴についての反実在論者になることは、一つの選択肢である。私自身はこの選択肢は必ずしも妥当でないと考えるが、この問題については、この後で検討する。

2 欠如体（privation）説（ホフマンとローゼンクランツ）

穴の否定的部分説の諸問題をもたらす主要因は、穴を物体の一部としながらそれに否定性という特殊性を付与するという手法によって、穴の存在論的性格が曖昧になってしまうということであった。そこで、否定性を穴の本質とする点では否定的部分説と一致しているが、そこから「物体の一部」であるという観点は完全に除き去って、もっぱら欠如という側面によってのみ穴を定義しようとする立場が、ホフマンとローゼンクランツによる穴の「欠如体説」である。[16]（念のために付け加えておくと、このホフマンは、否定的部分説を唱えたホフマンとは別人である。余談だが、ルイス夫妻、カサティとヴァルツィ、ホフマンとリチャーズなど、なぜか、穴についての論考には二人で書かれたものが多い。）彼らはその立場を、著書『諸カテゴリー中の実体（Substance among Other Categories)』の中で提示した。[17]

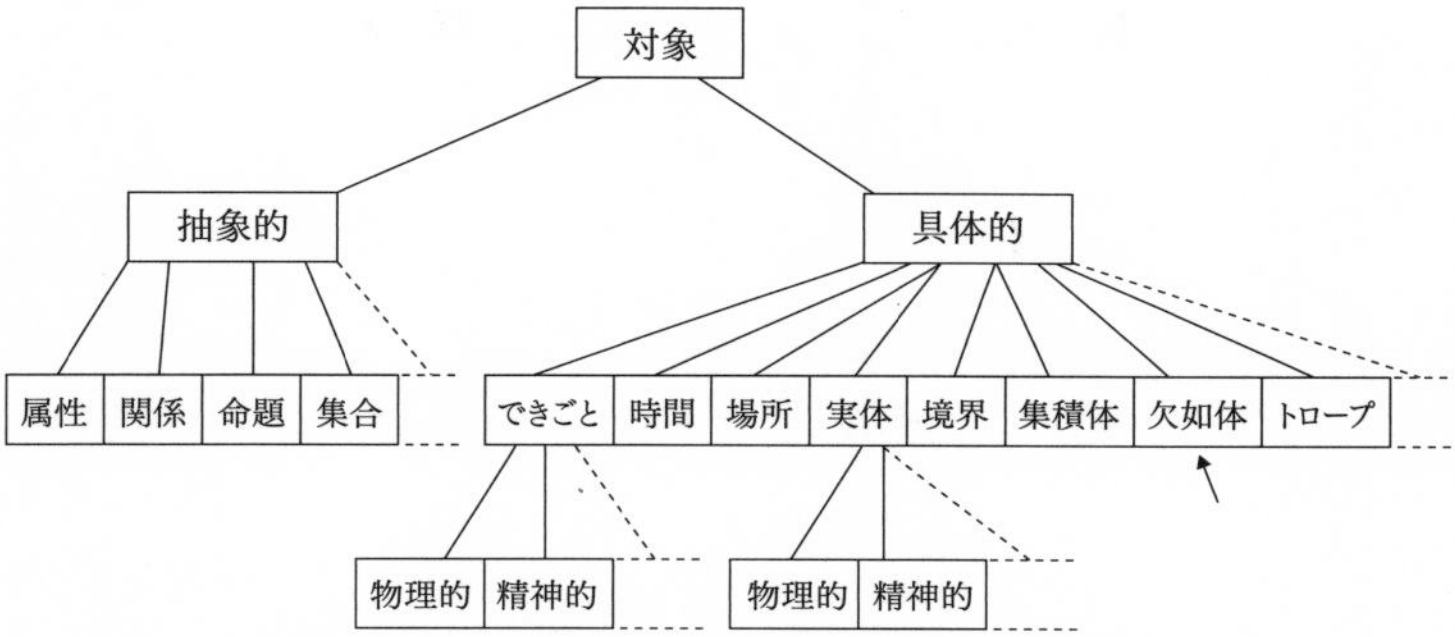

図10　ホフマンとローゼンクランツのカテゴリー体系

第1章で示したように、彼らは図10のようなカテゴリー体系を提示し、「欠如体」というカテゴリーを具体的対象のなかの一種として位置づけた。[18]

彼らは、欠如体の例として、穴以外に影と静寂（silence）を挙げている。彼らによると、欠如体とは次のように定義される対象である[19]：

> pは欠如体である。$\equiv_{df.}$（i）pはそれ自身が具体的対象である。（ii）pは一つまたは複数の具体的対象の欠如である。（iii）pはひとつの具体的対象の諸部分の間に完全に挟まれているか、または、いくつかの具体的対象の間に完全に挟まれているかのいずれかである。

まず条件（i）（ii）によって、例えば命題の真理値の欠如としての真理値ギャップ（truth-value gap）のような抽象的な意味での欠如が排除される。これに対し、穴は物体の欠如として、影は光の欠如として、静寂は音の欠如として、いずれも具体的対象の欠如だと考えられる。そして(iii)は、例えば図11のような穴（空洞）ａｂｃｄについて考えたとき、その部分であるａｂｄやａｂｃも穴（窪み）だと言えるがa'b'c'd'は穴だとは言えないということを示している。すなわち、穴自体は穴を持ち得ないということ、逆に言えば、もしそれが単独で穴を持ち得るようなものであるとすればもはやそれは穴とは言えない、という穴のひとつの本質を言い表している、とホフマンらは考える。そして彼らは、a'b'c'd'を穴とは言えない以上、それは異なるカテゴリーである〈場所〉の実例と考えるべきだと主張する（ただし、ホフマンらの意味での場所は、スミスらおよび本書の意味での（空間的）領域に相当する。本章のこの後の部分では、誤解の余地がある場合、スミスらによる意味でのサイトを表す場合と空間領域を表す場合とを、『「場所」』と『〈場所〉』という表記によって区別することにする）。すると穴とは、その部分として自分とは異なるカテゴリーの対象を含み得る存在者であることになる。

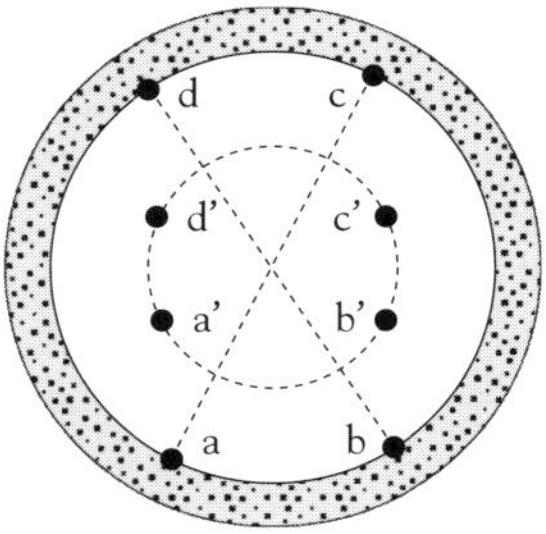

図11[20]

そしてホフマンとローゼンクランツは、この点が穴を実体とは異ならしめる特徴だと考えている。彼らは、同程度の一般性を持つ「できごと」「時間」「欠如体」などの同一レベル（レベルC）の諸カテゴリーの中で実体を際だたせる特徴は「独立的実例を持ち得ること」だと考えた。

そのうえで、そのような特徴を持つカテゴリーC_1の三つの必要条件の三番目として次のような性質を提示した[21]：

(iii) 次のような対象x、yは存在し得ない：xはカテゴリーC_1の実例であり、かつ、yはxの部分であり、かつ、yはC_1とは異なる（レベルCの）カテゴリーの実例である。

つまり、自己と異なる（レベルCの）カテゴリーに属する対象を部分として含むことはあり得ないということを、実体の特徴としての「独立的実例を持ち得ること」のひとつの要件と考えたのである。その理由は、全体は部分に依存しているので、異なるカテゴリーに属する部分を持つ場合があるとすれば、もはや全体として独立的とは言えない、つまり、異なるカテゴリーの対象に依存した対象だということになるからである。ホフマンらは、穴はこの条件を満たしていないので、実体のような独立性を持たない依存的な対象だと考えたのである。

彼らが挙げた独立性の他の二つの必要条件は次のとおりである[22]：

(i) 次のようなことが可能である：ある期間tを通してカテゴリーC_1を実例化する対象xが存在し、その期間tにおいてC_1を実例化するいかなる対象yについても、それがxの部分でないならば、そのyはxと同一である。

(ii) 次のような対象zが存在し得る：zはC_1を実例化している。かつ、条件(i)を満たす、C_1

とは異なる（レベルCの）カテゴリーC_2を実例化する対象は存在しない。
(i)によって持続的対象が属する同一カテゴリーの他の個体からの独立性（同種内独立性(independence-within-kind)）が規定され、(ii)によって同レベルの他の同種内独立性を持つカテゴリーからの独立性が規定されている。ホフマンらは、欠如体は(i)の条件は満たすが、(ii)については、例えば音の欠如という点で欠如体のひとつと考えられる静寂は、例えば実体のような、条件(i)を満たす他のカテゴリーの対象を必要とはしないかもしれないという理由で判断を留保している。
このように、実体に近い性格を持ちながら、依存性という点で穴がそれと異なっていることを欠如体説が指摘したことは、注目に値する。やはり、欠如であるということは、常に「何かの」欠如であるという点で必ずその「何か」を前提とせざるを得ない。穴はそのような依存性を重要な本質とする存在者であることを欠如体説は確認させてくれるのである。また、欠如として穴を捉えることは、穴の回転の問題に対しても明快な答えを与え得る。なぜなら、それが欠如であり、無である以上、回転することはあり得ない、と言い切ることができるからである。否定的部分説のように、中途半端な物体性を穴に残すことによって生ずる揺れは欠如体説には見出されない。

しかしひとつ疑問なのは、穴の依存性の意味を、右に挙げたような第三の独立性の欠落として捉えたことが妥当だったかどうかということである。ホフマンらの説明に従うと、穴は部分として〈場所〉という異なるカテゴリーの実例を含み得るため、穴は〈場所〉に依存する場合がある、という事になる。しかし、穴の依存性とは、それが「何か」の欠如たらざるを得ないことから帰結する性質だとすれば、穴が依存するものはそれが位置する〈場所〉ではなく、欠如しているところの「何か」と考えるべきではないだろうか。

たしかに、「穴単独では穴を持ち得ない」という彼らの認識は的確である。問題は、その意味を、図11におけるa'b'c'd'のような穴の部分は穴と異なるカテゴリーの対象である、ということとして解釈することが適切かどうか、である。もちろん、それは「穴ａｂｃｄの穴」であるとは言えないし、独立の穴ではなく、あくまでも「穴の部分」である。だからと言って、そこからただちに、その部分を「穴」と並立する他のカテゴリーに帰属させねばならないということまで帰結するだろうか。たしかに、全体としての穴は所有するがその（真）部分は所有していないような諸属性はあるだろうが、それはあくまでも全体ではなく部分であるということによって失われる諸属性であって、穴でなくなることによって失われる諸属性では必ずしもない、と考える余地があるだろう。例えば、欠如体の別の例である影について考えてみよう。先ほどの穴ａｂｃｄの代わりに、それを影ａｂｃｄだとしてみよう。その場合、その部分a'b'c'd'は、確かに「影ａｂｃｄの影」とはいえない。しかしやはりその部分も影であることに変わりはないのではないだろうか。

さらに、ホフマンたち自身が指摘しているように、もしも穴が〈場所〉を部分として含み得るような対象だとすると、穴全体が移動している場合も、その一部は静止している、という不自然な事態が帰結することになる[23]。彼らは、そのことこそ、穴を実体とは異ならしめ、また、穴の存在論的な不安定さをうまく説明してくれる要因だとして半ば開き直っているが、この弁明に対しても、たしかに穴の存在論的性格に関するこの二つの指摘は的確だが、その解釈として穴の部分としての〈場所〉の固定性を充てることが適切であるかどうかは疑問だ、という先ほどと同様の批判が当てはまるだろう。

もしも穴の依存性がホフマンらの主張する第三の独立性の欠落でないとすれば、やはりそれは、彼らが留保していた第二の独立性の欠落として捉えられるべきではないだろうか。実際、穴とはそれが宿る物体というひとつの実体を必要とするという点で、「何かの欠如」における「何か」としての実体への依存性を表現していると考えられる。彼らが穴の第二の独立性に関して留保したのは、音の欠如としての静寂のような欠如体の場合、必ずしも実体を必要としないかもしれないと考えたからである。この可能的反例を排除する方法は二つあるだろう。ひとつは、すべてのできごとは必ず何らかの実体に依存していると考え、音がするというようなできごとに対してもその音源、媒体、聴覚器官などの何らかの実体的対象が必ず存在すると主張すること、そして「音がしない」という一種の「否定的できごと」あるいは状態についても、同様に、同時的に存在する何らかの実体が必要だと主張することである。もうひとつの方法は、静寂のような継続的状態あるいは否定的できごととしての欠如と、実体的な持続性を持ちつつ独立性は欠いている対象すなわち実体的対象としての欠如とを区別し、「欠如体」と呼び得る対象は、後者のみに限定するということである。

私自身は、第一の方法を採っても構わないと考えるが、それを正当化するためにはできごと論・実体論一般に踏み込まなければならないので、ここではとりあえず差し控え、第二の方法を選択したい。というのも、この方法は決してアド・ホックな選択肢ではなく、十分な存在論的根拠があるのみならず、まさに静寂のような対象を穴の同類として捉えることが、欠如体説のひとつの問題点を露呈させていると思われるからである。

まず第一に、沈黙や静寂のように、発話するとか音が鳴るなどの特定の変化が起きていないこととしての「状態」とは、もともと「実体」などのいわゆる「(全体的) 持続体 (continuant)」ではなく「できごと」「過程」などのいわゆる「生起体 (occurrent)」のカテゴリーに属する対象だと考えられる。前者は、それが存在するすべての時点・期間において、その全体が存在しつつ持続する「耐続的 (enduring)」対象であるのに対し、後者は、あくまでもそれぞれの時点・期間においては、その「時間的部分 (temporal part)」のみが存在する「延続的 (perduring)」対象であるという、決定的な相違がある。[24]「時間的部分」という概念は、前者に対しては適用不可能である。例えば、私という持続体の一部のみが今という時点において存在するわけではなく、あくまでも一種の実体としての私全体が今存在しているのであって、私の「時間的部分」なるものが今存在しているわけではない。これに対し、私の生涯という生起体について言えば、今の時点 (期間) における私の生涯は、私の全生涯の一部すなわち、その時間的部分である。

また、依存性という観点から穴・影と沈黙・静寂と比較してみても、沈黙や静寂とは、発話、発音などのできごとの欠如であるという点で、できごとへの依存性を持っている。これに対し、穴は、回転の問題に即して述べたように、移動可能性を持つという点で実体に近い性格を明らかに持っており、それが依存する対象も、通常は物体という実体である。影についても、少なくともそれが移動可能な実体的性格を持っていることにおいて穴と同様である。仮にそれが依存する対象は、穴の場合と同様、欠如している何かだとすれば、依存対象は光あるいは光の束だということになるので、それを実体と言って良いかどうかという点でやや不分明であるが、しかし少なくとも、それは影と同時的に存在する対象であるという点で、静寂とは根本的に異なると言えるだろう。静寂の場合は、欠如している何かとしてそれが依存する発話や発音と同時に存在することはあり得ないのに対し、穴と影の場合はその依存対象としての光は同時に存在しないことがあり得ない。また、影は、常に「何か（物体）の」影であるという別の意味での依存性を物体に対して持っているという点でも、やはり穴に近い性格をそこに認めて良いだろう。

　そして結局のところ、ホフマンらのように「欠如」として穴を捉えることは、穴の実体的な性格を否定して、一種の時空的状態として、すなわち、ある時空的領域の「あり方」のひとつとして穴を捉えることに繋がりかねない（おそらくこの点が、欠如として穴を捉える点では同類である否定的部分説との最大の相違点である）。欠如体説に基づけば穴は回転しないとはっきり言えたのも、実は欠如体説が穴を実体的対象としてではなく、時空的領域の一種の状態として規定するがゆえに、そもそも穴の回転が意味をなさないからかもしれない。すなわち、「穴が回転する」ということは、「状態が回転する」とか「あり方が回転する」などというような一種のカテゴリー・ミステイクを犯すことになるからかもしれない。欠如体説に基づけば、穴はただ「回転しない」のではなく、回転すると言うことが無意味であるという点で、「回転できない」のである。

　もちろん、穴の実体的性格を一切否定し、それを時空領域の状態の一種として捉えるという立場を選択することも可能であり、実際それを主張した者もいる。[25] 穴とは「存在」と「無」の境界に位置すると同時に、「もの」と「こと」の狭間にも位置している存在者だと言えるだろう。しかし、すでに述べてきたように（そしてこの後でも述べるように）、穴をひとつの実体的対象として捉えるべきいくつかの理由が存在すると私は考える。またホフマンらも一面では実際そのように考えているということは、〈場所〉をその一部として含み得るような存在者として穴を捉えていることからも裏付けられる。[26] とすれば、彼らはやはり実体的対象と過程的対象というそれぞれ異なるカテゴリーに属すると考えるべき穴・影と静寂とを混同するという誤りを犯していることになるだろう。

以上のように、欠如体としては穴や影のような実体的対象としての欠如のみに限定し、静寂や沈黙はそこから排除するという選択肢が正しいとすれば、次に考えるべきは、その選択肢を選んだ欠如体説であれば、穴の理論として妥当かどうかということである。私は、先ほど見た否定部分説が抱えるひとつの問題点がこの欠如体説にもそのまま当てはまると考える。それは、単なる欠如として穴を捉えることは、穴を主観的な対象に貶めかねないということである。「欠如」というために前提となっている、物体がもともと持っていた形、その本来の形というものが、結局「考え方次第」ということになりかねない。また、欠如体説による穴の定義中の「完全に挟まれている」という規定にも、どのような場合に「完全に」と言えるのか、という点で主観性が入り込む余地があるだろう。そしてこのように欠如体説が穴からその客観性・実在性を奪い取ってしまう威力は、否定的部分説以上である。否定的部分説では、「否定的」という特殊性があるとはいえ、曲がりなりにも穴を物体の一部として認めることによって、少なくともその実体性と実在性とを最小限残存させる歯止めが設けられていた。その歯止めがない欠如体説では、穴を限りなく非‐実体、非‐実在としての no-thingness に近づけてしまうのである。もちろんここでも、それを受け入れるという選択肢が存在する。その途がおそらく妥当ではないことを確認することが、次節のひとつの目的である。

5　穴とは何ものか(3)――依存的対象としての穴

1　依存的非物質体(dependent immaterial body)説（カサティとヴァルツィ）

欠如体説と同様、依存性を穴の本質として捉えたうえで、単なる欠如としてではなく独自の性質・機能を持つひとつの持続的対象として規定することにより、穴をより実在的な対象として認定しようとしたのが、カサティとヴァルツィによる「依存的非物質体説」である。[27]

カサティらは、穴をおおよそ次のように定義した[28]：

穴とは、物体の補空間（complement）のうち、その物体に外的に連結している（externally connected）充填可能な（fillable）部分である。

定義中のいくつかの用語の解説が必要であろう。「補空間」とは、集合論で言うところの「補集合」に対応するメレオロジー的概念としての「補部分」に基づく概念である。すなわち、ある領域の要素全体の一部（全体でも構わない）によって構成されるある集合に対して、それに属さない要素全体から成る集合を「補集合」と呼ぶように、ある具体的対象や領域の一部としてのある対象に対して、それ以外の部分全体を、当該の対象の「補部分」（あるいは単純に「補」）と呼ぶ。そして、いまの場合は全体的対象として空間全体を想定しているので、空間全体から物体が占める空間を取り除いた空間部分全体を省略的に「物体の補空間」と呼ぶことにする。

また、「外的連結（external connection）」とは、「内的連結（internal connection）」と対比される連結のあり方で、二つの対象A、Bの各部分が重複することによって連結している場合が後者であるのに対し、重複しないで連結している場合、すなわち接触のみによって連結している場合が前者である（第3章一一七頁、図4も参照されたい）。例えば、二頭竜を、胴体を共有する二つの個体として捉えるならば、その二頭は共有する胴体によって内的に連結していることになるのに対し、私たちの右半身と左半身などは、外的に連結していることになる。

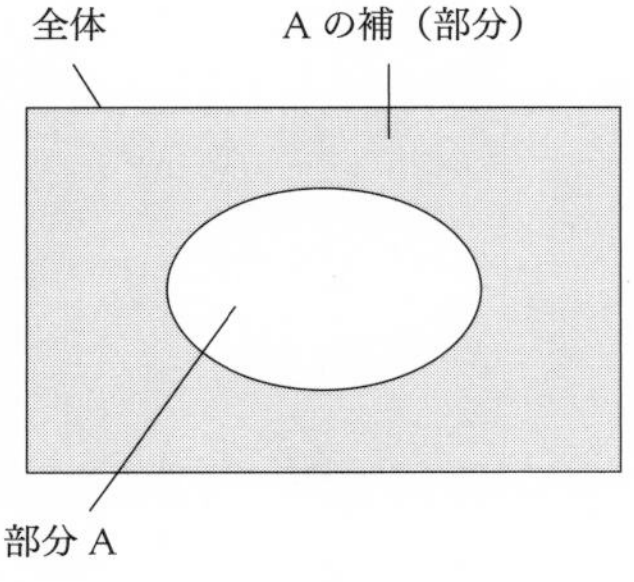

図12

最後に「充填可能性（fillability）」については、これが欠如体説との相違をもたらす最も重要な点であるので、この後で詳述することになるが、細かな点は省いて簡単に言えば、そこに何かを充填できるという一種の能力（capability）・傾向性（disposition）を表している。

例えば、ピンポン球について考えるとすると、その補空間は、ピンポン球の内部の空間とピンポン球の外部の空間とを合わせた部分であるが、充填可能性を持っているのはその内部だけなので、まずその外部空間は穴ではないことになる。また、内部空間の中でも、ピンポン球のプラスチック部分と外的に連結していない部分すなわち接触していない部分だけでは穴の条件を満たさないので、先ほどの図11をピンポン球の断面として考えれば、欠如体説と同様、その部分a'b'c'd'は、少なくともその部分だけでは穴とは言えないことになる。

カサティらによるこの非物質体説は、これまで見てきたいくつかの穴の理論の各特長を取り込んだ、総合的な性格を持っている。物体との外的連結性は、穴周り説が着目した、穴の外縁部としての物体（表面）の重要性や、欠如体説における「(具体的対象によって）完全に挟まれている」という規定に対応している。また、充填可能性は、サイト説が重視した、何かを収容する「場所」としての穴の性格を捉えているし、物体の補空間（の一部）としての穴という規定は、否定的部分説（および欠如体説）が穴の本質と考えた否定的・欠如的性質と、欠如体説が指摘した穴の存在論的依存性とを捉えている。Xの「補空間」は、Xが存在しなければ存在し得ない。そして同時に、「補」とは、まさしくXの「欠如」に対応すると言える。

しかし一方、穴を「非物質的」対象であるとする点で、穴周り説・サイト説とは明確に対立すると同時に、「依存的」であるとは言え、空間的延長性と全体的持続性のいずれをも備えた対象としての「体（body）」という肯定的かつ実体的な形で穴を規定している点において、否定的部

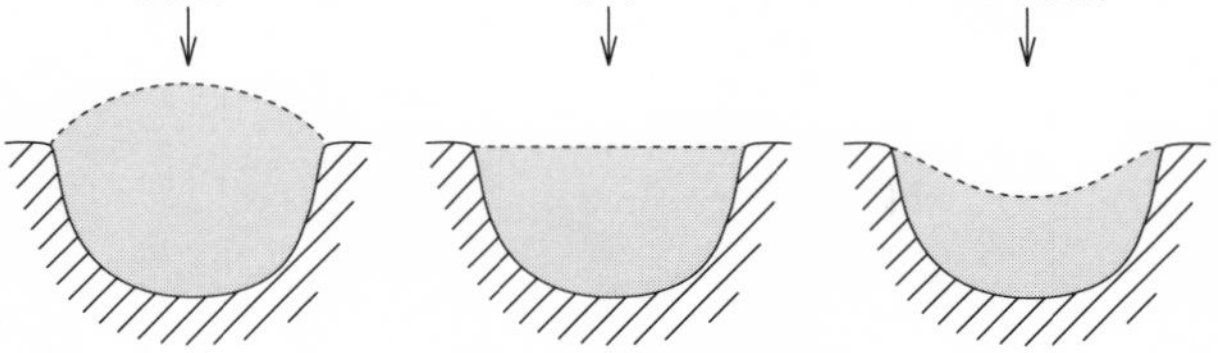

図13　穴を埋める

分説や欠如体説とも異なっている。特に第二の点、すなわち、否定的部分説や欠如体説と同様、物体の補空間という否定的な性質を穴の本質として捉えながら、他方で「充填可能性」という積極的な機能を穴に見出すことによって、より実在的に穴を規定しようとするところに、依存的非物質体説の最大の特徴がある。

振り返ってみれば、否定的部分説にしても欠如体説にしても、その否定性や欠如性の前提となる物体をどのような形のものとするかという点で「考え方次第」になりかねない、という共通性があった。それでよいのだ、と穴に関する反実在論者になることが選択肢のひとつであったが、カサティらは敢えてその否定性をできるだけ実在的・客観的に規定しようとした。その結果が、「(物体に外的に連結している) 補空間のうち、充填可能な部分」という定義となったのである。

すると問うべきは、果たしてこの「充填可能性」という条件によって、本当に穴が実在的・客観的な対象と言えることになるかどうかということである。「充填可能な部分」は、私たちの主観的判断から独立に定まるようなものなのだろうか。一つの問題は、その境界のすべての部分が物体の表面となる空洞はともかく、窪みとトンネルは、その境界の一部が物体によって確定されないということである。したがって、原理的には、穴の形としては図13のように複数考えられることになる。[29]

しかしこの問題は、窪みやトンネルの開いている表面部分を最小限の面積で覆うような面をもって、その境界と考えることによって解決される。これは決して恣意的な規約ではなく、そのような面によって画定される穴の形とは、(事例を窪みに限定して表現すれば、)まさに窪みを窪みでなくし得る諸々の充填物のなかで最小の充填物が持っている形だと言える。それ以外の充填物は、単に窪みを消失させるだけでなく、さらに山まで作ってしまうという余分なことを行っている充填物か、さもなくば、窪みを消失させ切ることのできない部分的な充填物であるかのどちらかなのである。

同様のことを次のようにも言い換えられるだろう。基本的には、空洞が穴の最も典型であり、(通常の)窪みやトンネルは、平面の付加によって空洞になり得るという点で、空洞の同類としての穴だと言える。空洞となるために一つの平面が必要とされるのが窪みであり、二つの平面が必要とされるのがトンネルである。やはり穴の本質の少なくともひとつは、それが何かを閉じこめ得るというその機能にあるのであり、窪みやトンネルも、まさに「蓋をする」ことによってその機能を完全な形で果たし得るのである。

また、このように考えることによって、否定的部分説や欠如体説が抱えていた穴の主観性の問題も解消する。単なる欠如という観点からすると穴だということになりかねない、図9で示したような徳利の側面部分や自動車の外面部分は、平面の蓋をすることによって何かをその中に閉じこめられるような部分ではない。したがってそれは穴ではないと直ちに言える。逆に、平面によ

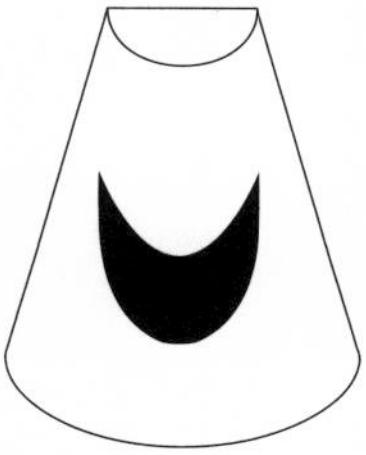

図14

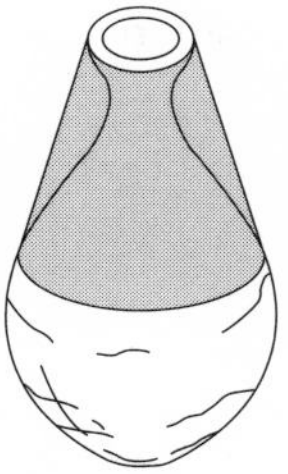

図15

って閉空間を作れるような部分である限り、私たちの解釈や意図とは無関係に、それは（窪みとしての）穴だと言わざるを得ないのである。

　もちろん、窪みやトンネルと呼ばれるものが常に平面の蓋ができるとは限らない。たとえば、図14のような溝から閉空間を作る最小限の面は平面ではなく曲面となる。そしてそれが「蓋」として認められるならば、先ほどの徳利の場合にも、図15のような曲面を「蓋」と考えてもよいのではないか、ということになりかねない。

　しかし、仮にそれを認めるとしても、この場合は、少なくとも否定的部分説や欠如体説に比べればはるかに客観的な穴に関する基準が存在する。それは、その部分を閉空間とするために必要とされる面が、どれほど平面に近いか、また、その面がその閉空間を構成する面全体の中でどれだけの割合を占めているか、といった幾何学的基準である。このような基準を用いれば、たしかに穴というべきか否か曖昧な場合は多数あるだろうが、少なくとも図9における徳利の仮想的穴と図14における溝とでは、どちらが本来の穴により近い対象であるかに関する客観的な尺度となる。そしてこのような客観的尺度が存在する場合、ある対象に関する曖昧さの存在は決

して直ちにその対象の主観性を意味するわけではないのである。(30)

以上から、充填可能性という穴の機能に着目することによって、窪みやトンネルの形に関する主観性の問題はいちおう排除できるとしよう。しかしこれだけでは、穴の実在性を主張するには不十分であるかもしれない。というのも、充填可能性という機能が、物体の補空間の一部であるということによって発揮し得る機能であるとすれば、むしろその機能は、穴が所有する機能ではなく、それが宿る物体すなわちその穴のホストが所有する機能と考えるべきではないか、という疑問が起こり得るからである。言い換えれば、物体の補空間として規定されることによる物体への穴の依存性が、穴の実在性を阻害する要因となり得るということである。

この問題についてまず確認しておかなくてはいけないのは、依存性とはあくまでも存在の仕方に関する性質であって、原則的には、存在するか否かに関する規定ではないということである。比喩を用いれば、寄生虫はたしかにその宿主が生きていなければ生きることができないかもしれないが、そのことから、寄生虫は生きていないということにはならない。寄生とは、あくまでも生き方に関する形容であって、生きているかいないかということを表すための概念ではない。存在論的依存性についてもこれと同様である。また、穴の依存性とはあくまでも類的な弱い依存性であって、そのホストへの個別的な強い依存性ではないことも重要である。(31)後述するように、穴とそのホストは異なる通時的同一性基準を持っている。そのため、ホストが入れ替わったとしても、穴は同一であり続けるということが可能である。

したがって、やはり重要なのは、穴を消去してホストまたはそれに付随する何かに還元できるかどうか、という還元可能性の問題である。そして還元できるとすれば、やはりそれは、ホストの形状への還元ということになるだろう。ワインの充填可能性とは、ワイングラスの窪み部分としての穴が持つ機能ではなく、まさにワイングラスの属性としてのその形状によって発揮される機能であり、山に掘られたトンネルやピンポン球の空洞が持つ機能も、あくまでも各々の素材としての岩土・コンクリートなどやプラスティックの形状が有する機能だ、ということである。

しかしこのような穴の属性主義的還元は、本章の冒頭で、穴がその個数を数えられるような何かであるということによって困難に陥るということを、アーグルとバーグルの対話に即して確認した。ワイングラスはその形状によって穴を持つというよりは、穴を持つということがその形状の本質を構成していると考えるべきであり、より一般化していえば、形状の位相的（topological）種類の相違によって穴の個数が定まるのではなく、穴の個数が位相的種類を決定するのである。[32]

以上から、穴の依存性そのものが直接的には穴の非存在を導くわけではないと言える。ただそれにしても、穴が「補空間（の一部）」という、何ら素材を持たないような何かであるとすると、そのような対象が充填可能性という一種の傾向性を持ち得るというのは、いかにも奇異ではないか、という疑問が残り得る。通常、何かが持つ傾向性は、その素材が持っている別の属性がその基礎となっている。ガラスの壊れやすさは、ガラスを構成する諸分子の配列や結合のあり方をその基礎としている。しかし、穴が非物質的対象である以上、そのような基礎属性が存在し得ないのではないだろうか？

この問題に対してカサティらは、穴の素材は「空間」であると考えることによって対処している。これが、彼らが穴を「非物質的持続体」として形容したことの内実である。穴とは、空間という非物質を素材とする持続体なのである。そして空間が、何らかの属性によって性質づけられ得るという性質（qualifiability, modifiability）を持っているとすれば、そうした性質に付随する傾向性のひとつとして、充填可能性を位置づけられることになる。

また、空間という非物質を素材とする持続体として穴を規定することによって、穴の回転の問題に対しても答えを与える方針を形成できる。一つの可能な選択肢は、穴は非物質なので、物質と異なり、同一の時と場所においてともに存在できると考えることである（このような存在の仕方を哲学的用法で「一致（coincidence）」と呼ぶ[33]）。これによって、逆回転する二重ペーパーロールのような場合が可能だということになる。（これは、否定的部分説において、否定性という特殊性を根拠にして矛盾を回避する方法に似ている。）しかし、この選択肢は、たとえ非物質だとは言え、同種類の実体的対象が同一の時と場所に存在することが可能だとする点で、例えば銅塊と銅像のように異種類の実体的対象の「一致」の可能性以上に、より強い存在論的主張を行うことになる。さらに、仮にそのような一致の可能性を承認したとしても、二つの持続体が、一致しているにもかかわらず、なぜ逆回転し得るのかを説明しなければならない。通常、銅塊が右回転すれば、当然銅像も右回転するのである。これに対しても、結局、非物質だからこそそのようなことも可能なのだ、と言い得るかもしれないが、こうなってくると、そもそも、一致する二つの穴が逆方向に回転している場合と同方向に回転している場合とで、（その穴のホストではなく）穴そのものに関してどのような性質的相違が存在するのか、という疑問を呼び起こすだろう。

こうした考慮のすえ、回転の問題に対してカサティらが最終的に選んだのは、穴は回転しない、という回答である。穴は、空間という非物質を素材としているので、いわば柔軟性を持っていると考えられる。したがって、図2におけるような楕円の穴は、回転しているのではなく、ただ、少しずつ「変形（deform）」しているのだと考えられる。実際、柔らかいゴムでできたお椀のようなものがあるとして、その周りを鉛筆などで押しながら一周させたとき、たしかに鉛筆によって作られるお椀のへこみの位置は回転しているが、お椀自体やお椀の中の窪みとしての穴そのものは回転していないと考えられるだろう。これと同じように、図2においても、（この場合は、ホストは回転しているが）、楕円の穴は回転しているのではなく、ただ変形しているだけだと考えられる。また、二重ペーパーロールの場合も、二つのペーパーロールは逆回転していても穴は静止しているのだから、何ら矛盾はないことになる。ちょうど、ワイングラスを回転させてもその中のワイン自体は静止している場合のように、穴は、そのホストが回転しているときも、変形する場合こそあれ、決して回らずじっと静止し続けているのである。

2　依存的形相体(dependent formal body)説

カサティらによる穴の依存的非物質体説は、穴の全体的諸要素をバランス良く取り込みながら、その実在的性格をできるかぎり表面化することに成功した、精妙な穴の理論であり、これまで紹介した穴の諸理論の中では、私が最も共鳴し得る理論である。しかし、特にその「非物質性」に関して、いくつかの疑問も残る。実際彼らも、穴を「非物質体」として捉えることが、穴を一種の「哲学的フロギストン」またはエーテルのような虚構的対象に貶めかねないという懸念を提示している（もちろん彼ら自身は、最終的にはその懸念は払拭し得たと考えている）[34]。

非物質体としての穴という彼らの性格付けの内実は、空間という非物質的素材によって作られている、延長的持続体としての穴ということであった。しかし、ここで直ちに湧き起こる疑問は、もしも穴が空間でできているのだとすれば、移動の場としての空間自体が移動すると考えることは不合理なので、移動可能であるという性質によって空間領域とは区別される実体的対象としての穴の存在根拠を完全に損ねてしまうのではないだろうか、ということである[35]。実際、穴の欠如体説を唱えたホフマンらは、穴が〈場所〉という移動しない「部分」を持ってしまうことを穴の存在論的不安定さの要因として挙げていたが、空間を素材とする対象として穴を捉えることは、単に部分のみならず、穴「全体」を移動不可能な対象として規定することになってしまうのではないだろうか。

また仮に、穴は空間を素材とするにもかかわらず移動可能だと考えられるのだとしても、もしもカサティらが主張するように穴は回転しないのだとすれば、穴とは、「移動はすれども回転はしない」対象だということになる。しかしそれはどういうことなのだろうか。そもそも穴は回転「できない」のだろうか、それとも何らかの理由によって回転「しない」のだろうか。彼らは、グラスワインは回転してもその中のワインは回転しないという比喩を用いて説明していたが、ワインの場合は少なくとも回転し得るのであり、回転しない「場合もある」というにすぎない。これに対し、穴は、ワインと異なり空間という「非物質」を素材としていることによって、回転

「できない」ものとなるのだろうか。しかし、単に物質ではないということによって直ちに回転し得ないことにはならない。例えば、幽霊や天使は、穴と同様の（ただし、非依存的な）非物質体であるかもしれないが、それらは、移動可能であると同時に回転可能であると考えられるのではないだろうか。もちろん、非物質である以上、その回転は何ら物理的な因果的効力を持たないかもしれない。そうだとすれば、その識別可能性という認識論的問題は残るが、幽霊や天使に関する実在論的立場を採りさえすれば、それらは回転可能であると考えるのは不合理ではないだろう[36]。だとすれば、穴についても、カサティらのように実在論的規定をそれに与える限り、回転可能と考えるべきではないだろうか。だとすれば、なぜ、穴はそのホストが回転しても、それ自体は回転せず、「静止」しているのだろうか。

結局のところ、これらの疑問は、やはり穴の「非物質性」にまつわる疑問であると言える。空間という非物質的素材によってできているという規定は、基本的に、幽霊や天使の同類として穴を捉えることであり、相違があるとすれば、幽霊や天使はおそらく「空間」とは異なる何らかの「非物質的素材」によってできている、という点での相違だということになるだろう。そして、幽霊や天使は、それらが実在する限り、おそらく胸を張って移動も回転も可能だと言い得るのに対し、穴は、素材を持つ持続的延長体だということによって、原理的な移動可能性、回転可能性を保証されている一方で、その素材は空間だということによって、それらの可能性を奪われているように思われる。極言すれば、カサティらの規定は、穴を幽霊や天使以上に不可解な存在者としているとも言えるだろう。ひょっとしたらフロギストンやエーテルどころの騒ぎではないのである。

そこで、穴の「非物質性」について再検討してみることとしよう。そのために、カサティらによる穴の定義をもう一度確認しよう。それは次のような定義であった：

穴とは、物体の補空間のうち、その物体に外的に連結している充填可能な部分である。

まず第一に確認すべきは、この定義によって穴が基本的に「物体の補空間」として規定されることが、穴の非物質性（および依存性）の根底的由来だということである。そして物体の補空間の境界自体は、穴に属するのではなく、物体に属する。すなわち、物体が占める部分は閉空間であるのに対し、その補空間は開空間となる。[37] 物体とその補空間とは、それ自体は物体に属する物体表面を境界として共有するという関係によって接触している。このような関係が「外的連結」であり、物体表面は、物体にとっては「内的境界（internal boundary）」であるのに対し、補空間にとっては「外的境界（external boundary）」となる。[38]

そしてこのように、穴は「外的境界」によってその同一性を保持するということが、穴の非物質性の本質だと考えられる。まず第一に、穴の境界である物体表面は穴そのものに属さない以上、物体が何でできていようが、その表面の形状の連続性さえ保たれていれば、穴としての通時的同一性が保たれると考えられる。したがって、例えば、ある女王が魔法によって一瞬にして石に変えられたとしても、その鼻の穴は同じ鼻の穴であり続けられることになる。もちろん、その場合、物体にとっての「内的境界」としての物体表面も同一性を保持できるのかどうか、すなわち、人間としての女王の鼻の穴の表面と石に変えられた女王の鼻の穴の表面は同一であるのか、という問題はある（これについては、次章で扱うことになる）。しかし、こと穴の同一性に関する限り、その問題は無関係である。なぜなら、穴の同一性は、あくまでも物体表面の「形状」の連続性によって保持されるのであって、その「素材」の同一性や連続性は要求されないからである。

しかし、次のような反論が考えられる：「先ほどの例は、人間から石へ、という、あくまでも固体間の瞬間的変化であったが、例えば、液状化現象におけるように、空洞を擁する何らかの固体が突然液体に変わった場合、その空洞は同一性を保持できないのではないか。その場合、仮に空洞の形状の連続性が保たれていたとしても、やはり、固体の中の空洞と、単なる泡になってしまった空洞は、穴としてまったく異なるものだと考えるべきではないか」。

この反論に対しては、私は基本的に、その場合も穴の同一性は保たれていると考える。おそらくその場合は、同一の穴が、（その変形しやすさの度合いが変化したという意味で）固いものから柔らかいものへと変化した、というように、通常の実体の変化と同様に捉えるべきであろう。しかし、一歩譲って、その場合は、穴としての同一性は保持されないとしてみよう。仮にそうだとしても、ではその理由は何かといえば、その穴のホストが固体から液体へと変わることによって、穴の「形状の」傾向性としての固定性が失われ、流動的なものとなったからである。この場合は、変化の前後での固体の中の空洞の「現実の」形状と液体の中の泡の「現実の」形状との連続性はたまたま保たれているかもしれないが、仮想的状況も含めて考慮されるその傾向性において非連続的変化が起きたために、同一ではないということになるのである。したがって、やはりこの場合も、あくまでも穴の同一性に関してはその境界の形状のみが関与するのであって、何らかの素材が少なくとも直接的に関与することはないという点に変わりはない。

また、外的連結性に即して考えると、穴の回転可能性の問題もその論点がいっそう明確になる。穴の境界はあくまでも外的境界であり、そのホストが回転することによってその境界（すなわちホストにとっての内的境界）が回転しても、その境界自体は穴の一部ではないので、穴自体は回転することにはならない。つまり、穴のホストが回転しても、穴は回転しないと言える。そしてそれ以上に、おそらく、右の定義に基づく限り、穴は単に回転「しない」だけでなく、まさに定義上、回転「できない」と言い切ることができる。というのも、通常の物体の場合、その部分としての構成要素の通時的同一性によってその通時的同一性を保証されるのに対し、穴の通時的同一性を保証するものが、穴自体には属さない、その外的境界である以上、保証されるのは、穴の「全体」としての通時的同一性のみであって、穴の「(真) 部分」の通時的同一性は保証されないからである。いわば穴は、その部分の通時的同一性条件を持たないような存在者であるところにその本質があると言える。

こうして、「移動はできても回転はできない対象」としての穴の正体も明らかになる。穴は移動することはできる。なぜなら、穴の外的境界を擁するホストが移動することによって、当然穴全体も移動することになるからである。しかし、穴は回転することはできない。なぜなら、まず第一に、ホストが回転しても、そしてその結果、穴の境界が回転しても、その境界が穴にとっては外的なものである以上、その回転は穴の形状変化をもたらすだけであって、穴の回転をもたらすわけではないからである。そして第二に、穴は、その部分の通時的同一性条件を持たないので、穴が回転するということは、そもそも意味をなさない、すなわち実は「無意味」だ、と言えるからである。というのも、何らかの（実体的）対象の回転とは、その対象の各部分が一定の時間的軌跡を持つことによって成立する事象である以上、各部分の通時的同一性条件を持たないような対象には概念的に適用し得ない事象だからである。「穴が回転する」と主張することは、厳密に言えば、「3が走る」「地球は偶数である」に（誤り方の程度の差こそあれ）類似した、一種のカテゴリー・ミステイクなのである。

したがって、軸穴の回転など、私たちが日常的に語る「穴の回転」とは、厳密には、穴の形状変化によってもたらされる、その充填可能性に関する機能の位置的偏りの変化の結果にすぎないと考えるべきだろう。だからこそ、図2におけるような、正円を擁するホストの回転と楕円を擁するホストの回転との差違が重要となる。正円の場合、恣意的に何か目印でも付けない限り、形状そのものの「向き」と言えるものがないのに対し、楕円の場合は、その円がどの方向により長いかという点で、形状そのものが「向き」を持っている。したがって、正円を擁するホストが回転しても、穴の形状自体は変わらないのに対し、楕円を擁するホストが回転すると、穴の（向きも考慮に入れた意味での）形状は変化する。したがって例えば、細長い何かを充填する機能という点に関しては、その細長い何かをどのような方向で充填し得るかという点において、回転とともに時々刻々変化する。しかし、ちょうどそれは、先ほどの例で出したような、やわらかいゴムでできたお椀を固定したまま形状を楕円に押しつぶして、その楕円の方向を回転させることによってその中にある何かを押しながら回転させる場合と同じように、決して穴そのものが回転しているのではなく、穴の形状変化によって、その機能の方向が回転していると考えるべきである。もちろん、今の場合と回転する固いホストの場合とでは、ホストそのものが回転しているかどうかという点で相違がある。しかし、こと穴だけに着目する限り、厳密には、いずれの場合も穴そのものが回転しているとは言えないという点に変わりはないのである。

しかし、だとすると、穴とは「全体としての通時的同一性条件だけを持ち、部分の通時的同一性条件を持たない対象」だということになる。そのように不思議かつ不気味な存在者を容認してよいのだろうか。そのような特異な存在者を容認してしまうということ自体が、まさにその存在論全体の問題点を示唆しているのではないか。だが、実はこのような対象は必ずしも奇異でないかもしれない。ここでにわかに思い出されるのが、欠如体説である。振り返ってみれば、欠如体説を唱えたホフマンらは、穴が〈場所〉という異なるカテゴリーに属する対象をその部分として含み得ること、そしてその結果、穴全体は移動可能であるにもかかわらず、その一部が移動しないことを指摘していた(39)。そして彼らは「影」を穴の同類としていたが、実際、影とは、いま述べたような「全体としての通時的同一性条件だけを持ち、部分の通時的同一性条件を持たない対象」であり、その結果、「移動はできても回転はできない対象」ではないだろうか。

まず第一に、影が移動または回転している(ように見える)とき、その特定の部分も移動また

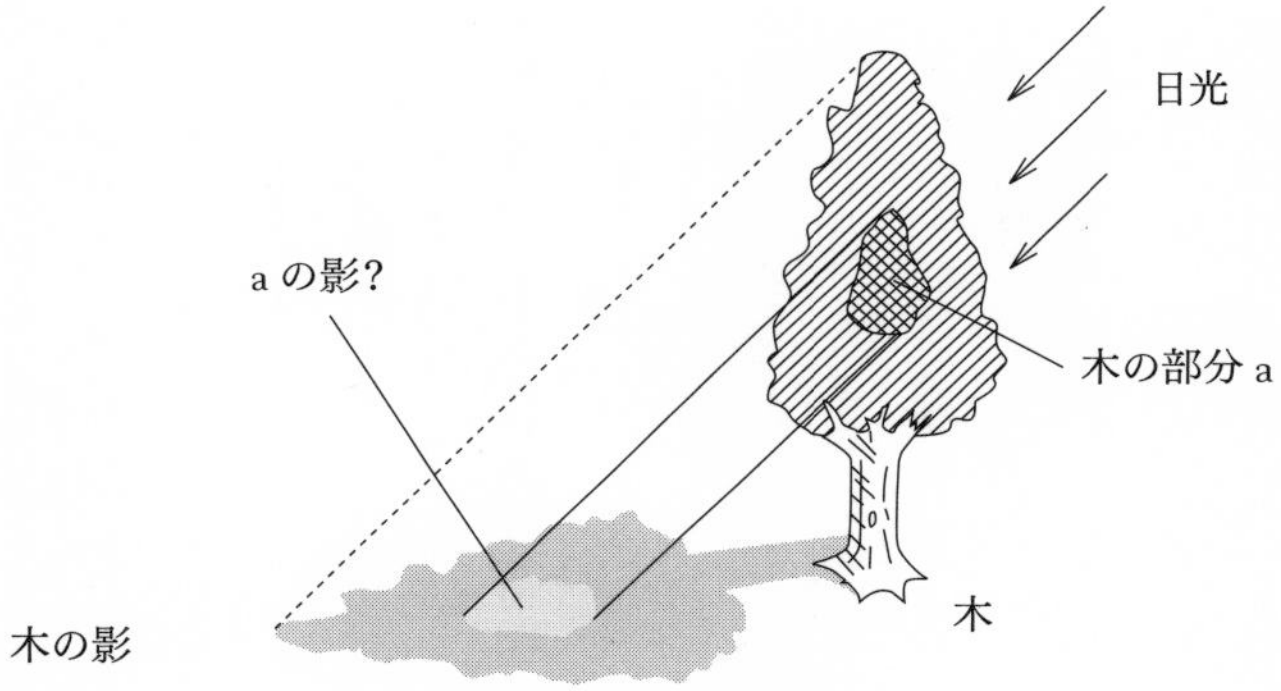

図16

は回転していると言えるだろうか。影の諸部分は、通時的同一性条件を持っているだろうか。ひとつの考え方として、影の諸部分の通時同一性条件を、その影をもたらす光線に基づいて影とその影の本体としての物体とを対応付けることによって与えるという方法があり得る。例えば、図16において、もしも物体Ａが透明だったならば、その部分ａを通過した光線は影Ａ'の部分ａ'に到達していたはずなので、ａの回転や移動に伴って変化するａ'の仮想的軌跡によって、影の部分ａ'の通時的同一性が保証されると言えるかもしれない。

しかし、そのような仮想的光線に基づいて保証されるような通時的同一性は、あくまでも規約的に定められた同一性にすぎない。影Ａ'をもたらす現実の光線は、あくまでも影Ａ'の輪郭の形成に与っている光線だけであって、物体によって遮断された光線自体は、影の形成にはまったく関与していない。したがって、仮に物体が透明だったとしても、その物体の各部分が各様に屈光させる性質を持っていれば、実は部分ａ'に対してはａ'と異なる部分に対応づけられるべきだということになる。光線があくまでも仮想的なものである以上、いずれの対応付けも同等の資格を持ってしまうのである（この点で、八〇頁で述べた、トンネルや窪みの境界の一部の規約性とは異なっている）。それゆえ、やはり影の部分の客観的・実在的な通時的同一性条件は存在しないと考えるべきだろう。

第二に、回転という現象そのものについては、むしろ穴以上に影の方がその回転不可能性が明瞭だと思われる。例えば風車が回転しているとき、その影も回転しているように見える。しかし、これも厳密に考えてみれば、まず、回転しているのはあくまでも風車だけであって、風車の影を形成する光線自体はいっさい回転していない。したがって、その光線によって形成される影自体も、もともと回転するはずがないのである。影のホストに当たる光線の束自体は回転していないので、風車の影の見かけ上の回転は、ちょうど先ほど示したような、柔らかいゴムでできたお椀を固定したまま変形させている状況に、ぴったり対応すると言える。

さらに、影の輪郭を形成する光線の束も、影にとってはそれ自体は影に属さない外的境界であるので、それが（回転していないという意味で）静止していようとも、影自体も「静止している」ということは帰結しない。そして、今見たように、影には部分の通時的同一性条件が存在しない以上、穴と同様、その回転はそもそも語り得ない事柄のはずである。影が回転すると主張することも（静止しているという意味で）回転しないと主張することも、厳密に言えば、やはり一種のカテゴリー・ミステイクなのである。ここで再び注目されるのが、欠如体説との類似性である。影を穴の同類としていた欠如体説によっても、やはり穴は回転し得ないと明言することができきた。そしてその理由についても、欠如体説によると穴の回転が一種のカテゴリー・ミステイクとなるからだと解釈できる余地があった（七四〜七五頁参照）。ただし、その場合のカテゴリー・ミステイクとは、欠如体説は穴の同類として影以外にも沈黙や静寂を含めていたため、穴を実体的対象としてではなく時空領域の一種の状態として捉えているのかもしれないということの帰結であった。これに比べると、いま指摘しているカテゴリー・ミステイクは、もっと微妙な「誤り」である。というのも、この場合は、あくまでも穴を移動可能な実体的対象として認めたうえで、その回転を語ることは無意味だと主張しているからである。欠如体説が実際に穴を一種の状態として考えるのであれば、そもそもその移動を語ることも無意味となるはずである。この点から見ても、穴の移動可能性を認めながら回転可能性は認めないという立場はやはり、ホフマンらの欠如体説よりはカサティらの依存的非物質体説に近いと言えよう。

また、穴の部分の移動不可能性についても、ホフマンらは、〈場所〉という異なるカテゴリーの対象を部分として穴が含んでいることをその理由としていた点で、ここで主張されている穴の部分の移動不可能性とはまったく質を異にしている。というのも、〈場所〉には通時的同一性条件があるからである。つまり、穴の当該部分は、〈場所〉としてずっと（通時的同一性を保ちつつ）静止しているということが、穴は移動するにもかかわらず、その部分は移動「しない」理由となっている。これに対し、いまの立場にしたがえば、そもそも穴の部分は通時的同一性条件を持たない。だからこそ、それが移動するということが意味を持たないという点で、穴の部分は、単なる物理的または規約的な意味ではなく、まさに存在論的な強い意味で移動「できない」のである。

他方、カサティらとの相違は、彼らは穴を空間という非物質的な素材をもつ持続的対象として捉えていたのに対し、いまの立場は、物質的であれ、非物質的であれ、そもそもいかなる素材も持たないということを穴の本質として捉えていることである。したがって、「依存的非物質体(immaterial body)説」との相違を強調するとすれば、それは「**依存的非質料体**(matterless body)**説**」ともいうべき立場である。これを肯定形で言い換えれば、穴はその質料としての何らかの素材によって通時的同一性を保持するのではなく、その形相としての外的境界によって通時的同一性を保持するという意味で、「**依存的形相体**(formal body)**説**」「**依存的輪郭体**(contour body)**説**」ともいうべき立場であることになる。やはり穴は、im-material というよりは、matter-less, matter-free であるという点で、非物質的な質料から成る何かとしての幽霊や天使よりは、光の輪郭によって形成される何かとしての影に近いのである。その結果、カサティらとの類似と相違を際ださせる形で穴を定義するとすれば、次のようなものとなるだろう:

穴とは、物体の補空間のうち、その物体に外的に連結している充填可能な形状の部分に位置する、非質料的持続体である。

より簡単には、「穴とは、物体に外的に連結していることによって充填可能性という機能を持っている、非質料的持続体である」ということである。

だが、もしもこのような立場を採ると、何ら素材を持たないような対象が充填可能性という一種の傾向性を持つ、と主張することになる。カサティらはこれを嫌って、穴の素材としての空間という提案を行ったのであった。そして充填可能性は、外的境界とともに穴の定義に含まれる重要な要件であった。穴の外的境界がどちらかと言えば穴の通時的同一性を保証するものであったのに対し、穴の充填可能性は、機能を持つ何ものかとして穴に実在性を付与する条件だったと言えよう。また、素材なき傾向性とは、当然、基礎属性なき傾向性をも含意する。そのような傾向性は認められるのだろうか(40)。

この場合も、影を例にして考えてみることが有効かもしれない。影には光による照度や温度の上昇を防ぐという機能がある。しかしこの機能は、影が何らかの素材によってできていることによって発揮されるものではないだろう。それは、まさに光線の欠如がもたらす機能である。これと同様に、充填可能性という穴の機能も、何らかの素材によってもたらされる機能というよりは、むしろいかなる素材も持たないということがもたらす機能と考えられるべきではないだろうか。充填可能性とは、まさに、無であること、空であることによって初めてもたらされ得るという特殊な傾向性なのである。

また、(第1章でも登場した)ロウによれば、穴や影に限らず、正真正銘の実体でさえ、素材を持たないことがあり得る。彼は次のように述べている(41):

私の立場のひとつの重要な側面は、個体的実体と実体的普遍の実例とを同一視することであり、その立場は、個体的実体を特定の「実体的形相（substantial form）」と同一視することに帰着する。この実体的形相という見解によれば、形相という概念は、一種の素材としての質料の概念であれ、物がそれによって作られているものとしての質料という概念であれ、質料という概念に必ずしも不可分に結びついているわけではない。したがって、この見解によれば、「非質料的（matterless）実体」――素材なき形相――が存在するという可能性について検討するということは完全に意味を持つ。それは、物理学の素粒子の場合において、そしてさらには、個々の人物（person）、すなわち、「私たち（ourselves）」の場合においても、実際に実現されているかもしれない可能性なのである。

私は、穴も、ここでロウが主張しているような「非質料的」対象だと考える。それは依存的対象であるために、純然たる実体ではないが、全体的な通時的同一性（耐続性）を保持するという点で「実体的」対象だと言える。そして、穴は、外的境界というそれ自身には属さない「輪郭」によってその通時的同一性を保証されると同時に、無であり、空であるという「非質料性」によって充填可能性というその本質的機能を有するという二重の意味で、まさに「形相的」対象である。それは、そうした機能によって実在する対象ではあるが、まさにそうした機能によってのみ実在性を保証され、その依存性、非質料性によって、かぎりなく「無」に近く、また、「事」に近い位置にある「存在‐物」だとも言える。カサティらのように、無理やり「空間」をその素材として招集するよりも、やはり純然たる形相的対象として穴を規定した方が、穴のこうした本質的諸特徴をより良く捉え得るのではないだろうか。

註

(1) 以下では、「(表面の) 窪み [(superficial) hollow]」、「(貫通する) トンネル [(perforating) tunnel]」、「(内部の) 空洞 [(internal) cavity]」という三種類の穴があると考える。また、蛇足ながら「子宮から墓場まで (womb-to-tomb)」という言葉もあるが、この場合も空洞としての穴から穴へということになる。

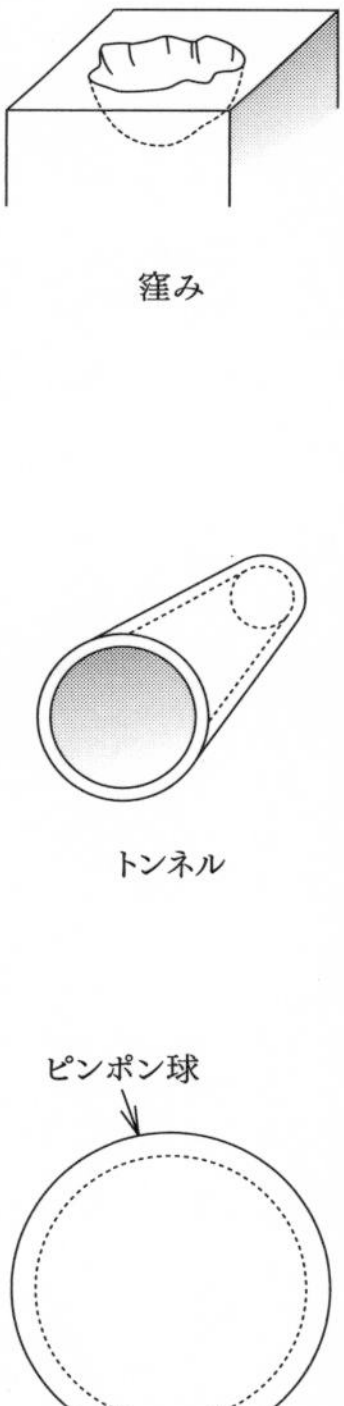

三種類の穴

(2) [Lewis and Lewis 1970] p. 207.

(3) [Davidson 1965]

(4) 以下では、「実体」という言葉と「実体的対象」という言葉を区別して用いる。後者は、実体であるための条件を完全には満たしていない（あるいは満たしていないかもしれない）ので、実体とは異なるカテゴリーに属する対象であるが、全体的持続性、独立性など何らかの点で実体に近い性質を持つ対象をも含む、より包括的な用語として用いることにする。

(5) [Casati and Varzi 1994] pp. 118–124.

(6)[Russell 1895]([Mumford 2003] p. 28)

(7)[Lewis and Lewis 1970] ただし厳密には、あくまでも、ルイス夫妻の対話編の中で登場させられたアーグルの見解である。彼らは、カサティらの著書『穴』への書評として書かれた、やはりアーグルとバーグルによる対話編の末尾において、『穴』の中でカサティらがこの穴周り説によって規定される穴を'Ludovician holes'と形容し、あたかも自分たちの統一見解であるかのように紹介していることに対して、冗談めかした形ではあるが不満を表明している。[Lewis and Lewis 1996] p. 79.

(8)ここで「一連の」という形容語を付しているのは、後述するように、一つの穴に対応するのは、厳密には一つの穴周りではなく、一つの穴を取り囲む複数の穴周りの集まり(集積体)だからである(アーグルの立場では、抽象的対象を表す「集合」という言葉は用いることができない)。それらは一種の同値類を形成するので、近似的にひとつの対象のように扱える。

(9)この後の穴周り説に関する議論は、カサティとヴァルツィに依存している。[Casati and Varzi 1994] pp. 26–31.

(10)この図は、[Casati and Varzi 1994] p. 30 の figure 3.6 を参考にして作られたものである。

(11)[Grenon and Smith 2004] p. 82.

(12)したがって、この場合の境界は、穴の一部だと言えるので、穴にとっては後で定義されるところの「内的境界」となる(同時に、ホストの内的境界でもある)。この点が、この後で述べられる「依存的非物質体説」「依存的形相体説」との重要な相違のひとつである。

(13)[Hoffman and Richards 1984]

(14)この点はカサティとヴァルツィが指摘するところである。この後の否定的部分説に関する議論は、彼らに負うところが大きい。[Casati and Varzi 1999] pp. 24–27.

(15)メレオロジーとは、部分と全体の関係全般について考察するための形式理論である。メレオロジーについては、付論第3節でより詳しく解説してある。

(16)「欠如体」の原語は'privation'であり、「体」を付けないで「欠如」と訳した方が適切な面もあるが、あくまでも具体的対象としての欠如であるということを強調するために、あえて「欠如体」と訳すことにした。したがってこの場合の「体」は、例えば沈黙や静寂などの一種の状態も含めた具体的対象全般を表す意味で用いられており、後で用いられる「依存的非物質体」「依存的形相体」における「体」とは異なっている。これらの用語における「体」は、「空間的延長性を持ちながら実体的な持続性を持つ対象」という意味で用いられる。

(17)[Hoffman and Rosenkranz 1994]

(18)[Hoffman and Rosenkranz 1994] p. 18, Figure 1.1. なお、第1章でも述べたように、このカテゴリー表中の「トロープ」とは、例えば、金閣寺の壁の金色、貴乃花と若乃花の兄弟関係など、具体的個体としての性質や関係を表す用語である。

(19)[Hoffman and Rosenkranz 1994] p. 116.

(20)[Hoffman and Rosenkranz 1994] p. 118, Figure 4.1.

(21)[Hoffman and Rosenkranz 1994] p. 94.

(22)Ibid.

(23)[Hoffman and Rosenkranz 1994] p. 118, n39. また、本章第6節九二〜九六頁も参照。

(24)「耐続性」という概念の整合性を否定する立場、逆に「時間的部分」という概念の整合性を否定する立場、耐続的対象と延続的対象の両立不可能性を主張する立場などもあるが、ここではその問題には踏み込まない。また、「持続」という語は、耐続性と延続性の両方を含む中立的用語としての'persistence'の訳語として用いられるので、耐続的対象を表す語としての'continuant'を「持続体」と訳すのは好ましくない面もあるが、空間的連続体と対比させながら日常的語感も伴う一語で表せること、また、耐続的対象を表すもうひとつの語である'endurant'の訳語としての「耐続体」との訳語上の区別を保持できること、などを理由として、この訳語を採用した。
(25)[Martin 1996]
(26)〈場所〉は「(狭い意味での)対象」というよりは「領域」であるが、少なくとも過程的な存在者ではないという点での最低限の意味で、「実体的」と言ってよいだろう。また、言うまでもなく、一種の「領域」であるということと「領域の状態」であるということとは、まったく別のことである。
(27)註(16)で述べたように、この場合の「体」は、空間的延長性を持つと同時に実体的な持続性も有する対象としての'body'の訳語として用いられており、正確を期すれば、「延長的持続体」とでも訳すべきところである(これに対し、一般的に「欠如体」「生起体」なども含めて言うときの「体」は、単に具体的対象という弱い意味で用いられていた)。しかしそうなると、「依存的非物質的延長的持続体」という、いかにも長い用語になってしまうので、ここでは「延長的持続体」の省略語として「体」という用語を用いることにする(後に現れる「依存的形相体」の場合も同様)。一方、「非物体」ではなく「非物質体」という美しくない訳語をあえて採用したのは、後述の「非質料体(形相体)」との対比を強調するためである。
(28)[Casati and Varzi 1999] pp. 137-151. ただしこの定義は、彼らが明示的に提示したものではなく、筆者の解釈によって要約されたものである。
(29)トンネルと窪みの境界の規約性については、第3章でより詳しく論ぜられる。
(30)この点についても、第3章でより詳しく論ぜられる。
(31)付論第3節参照。
(32)この場合の「位相的種類」とは、大まかに言えば、連続的変形によって互いに移行できるような図形の集合に対応する。この分類に従うと、例えば(リング型の)ドーナツは、コーヒーカップと同じ種類で、コーヒー皿やピンポン球とは異なる種類であることになる。

(33)「異なる複数の（具体的）対象が同一の時と場所において存在すること」を表す哲学的用語として'coincidence'が用いられる。「一致」という日本語は、日常的にはメレオロジーで言うところの「重複」も含めた多義的な意味で用いられると思うので、「重複」との対比を強調する「重在」などという訳語も考えてみたが、本書では原語の日常的語感の保持を尊重して「一致」という訳語を採用した。

(34)[Casati and Varzi 1994] p. 34

(35)空間に関する実体主義対関係主義の問題や、相対性理論からの帰結などは、ここでは棚上げしておくことにする。ここでの「空間」は、あくまでも私たちが日常的に用いていると考えられる意味でのものである。

(36)ただし、これに多少関連する存在論的問題として、均質的な円盤の回転などがヒューム主義的な存在論に対してもたらす問題がある。それについて論じたものとして、[Armstrong, D. 1980] [Robinson, D. 1989] [Callender, C. 2001] などが挙げられる。

(37)「閉空間」「開空間」も位相論的概念である。これについても、第3章でより詳しく論ぜられる。

(38)ここでの「内的境界」「外的境界」はそれぞれ、「ある対象に内的に連結している境界」「ある対象に外的に連結している境界」という意味で用いられており、「対象の内部にある境界」「対象の包囲部分としての境界」という意味での「内部境界（interior boundary）」「外皮境界（exterior boundary）」とは異なる。両者は独立の分類であるが、ここでの外的境界は補部分にとっての外皮境界であり、内的境界もホストとしての物体の外皮境界であるので、いずれも外皮境界についての分類となっている。

(39)本章第4節七一頁を参照。

(40)欠如が因果的効力を持ち得ることを主張した論文として、[Haldane, J. 2007] などがある。

(41)[Lowe 1998]

第3章　境界

私はクレオパトラの絨毯の表面の一部である。

（はあ？）

補足が必要のようだ……。おほん、もといっ。私は、クレオパトラが初めてカエサルに謁見したときに自らをくるんだ、絨毯の表面の一部である。

つい先ほど、クレオパトラが絨毯にくるまれてカエサルの前に運ばれたとき、美しきクレオパトラの肌は絨毯と触れ合った。そう、私はまさにその触れ合った部分の表面なのだ。

あのとき私は、クレオパトラの肌の表面の一部と「一致」するという、官能的体験を味わった。あのとき私と彼女の肌の表面の一部は、まさに同じ位置に「重なり合って」存在したのだ。

しかし残念ながら私たちが「一体化」することは決してなかった。あくまでも私は絨毯の表面であって、彼女の肌の表面となることはなく、彼女の肌の表面も、絨毯の表面とはなることはなかったからだ。だが謁見が終わったいまも、クレオパトラの肌の表面と少なくとも位置を共有できたという喜びに、私はこうして浸っているのだ……。おや？　向こうからカエサルの妻がすごい形相でこっちにやってくるぞ？　おおっ、何と嫉妬に狂った彼女は、はさみを取り出してこの絨毯をずたずたに切り刻み始めたではないか！

ぐわっ、いまや私も真っ二つに切り裂かれてしまった。しかし私はいま、また別の神秘に直面した。あくまでも可能的でしかなかった私の中のある境界線が、瞬時にして現実の境界線へと生まれ変わり、私自身は、「分裂」という位相的カタストロフへと身を投じたのだ……。

1　なぜ境界は重要なのか(1)――実体の独立性

第2章の議論では、穴の境界がそれ自身は穴に属さない「外的境界」であるという前提が、穴の通時的同一性の問題を考える際の要となっていた。しかし実はこの前提は、まったく問題なく受け入れられる主張だとは必ずしも言えない。そこでは、そもそも「境界」とは何か、それは実在すると言えるのか、といった、境界についての存在論的諸問題が横たわっている。空洞・窪み・トンネルという、穴の形態の三分類についても、空洞の境界はそのホストとの境界だけであるのに対し、窪みとトンネルはそうでない境界も持っていること、そして後者の場合、窪みはそのような境界の数が一つであるのに対し、トンネルは二つであることをもって、その分類基準と見なすこともできる。しかしその場合、そのような二種類の境界の存在論的異同が重要な問題となってくるだろう。

また、第2章での議論の途中においても、穴周り説を検討する際に、穴周りを物体表面のみに

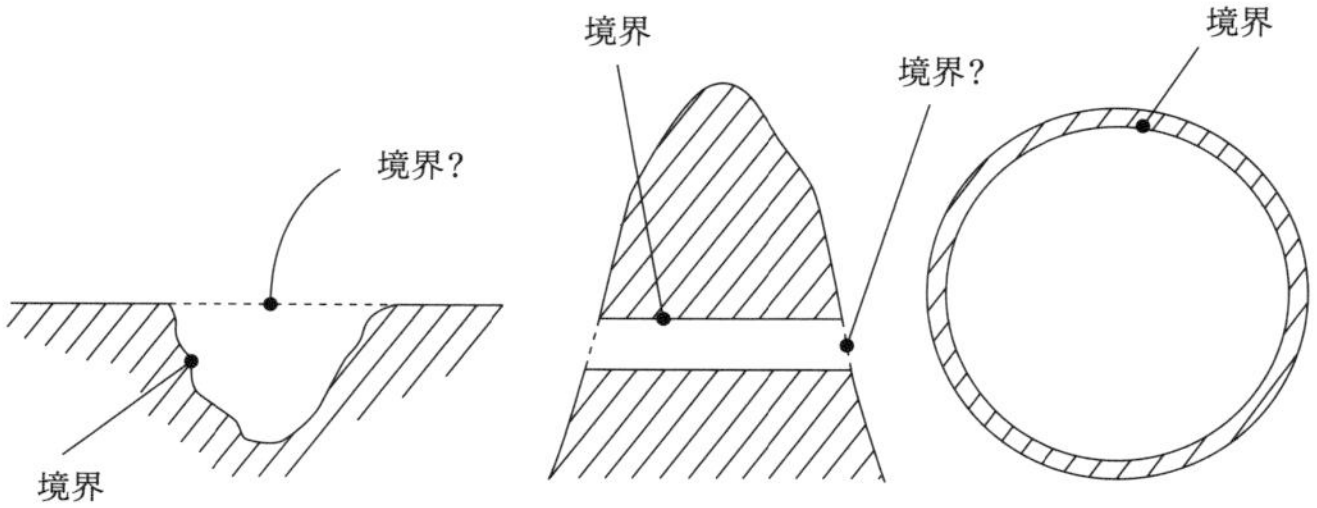

図1　穴の境界

限定することによって穴の多義性を回避するという可能的方法に言及したが、それ以上は踏み込まなかった。踏み込むためには、やはり境界としての表面の存在論的身分を究明することが必要となる。サイト説も、穴を媒質と境界の合成体として定義する以上、その是非を評価するに当たって、本来であれば、穴の境界としての物体表面に関する存在論的諸問題を避けては通れなかったはずである。また、サイト説と依存的非物質体説・形相体説との間には、境界を穴の内的境界と考えるか外的境界と考えるかという点での重要な相違があった。この章で扱われるのは、まさにこれらの問題すなわち「境界の存在論」である。

いま述べたように、境界は、穴についての存在論的考察にとってきわめて重要な意味を持っている。しかしそれだけだとしたら、「境界の存在論」は、ただでさえその意義に対する懐疑を招きやすい「穴の存在論」という特殊なテーマにさらに寄生する、「超‐好事家的」（？）テーマだということにもなりかねない。しかし少なくとも、西洋哲学史の中で境界の存在論というものの位置を振り返ってみたとき、実はそれが長きに渡って存在論の中枢に近い場所を占めていたことがわかる。というのも、境界の存在論は、「そもそも『もの』とは何か」という問題、もう少し哲学的な言い回しでいえば、「そもそも実体（特に物体）とは何か」という実体論の文脈において盛んに論じられていたからである[(1)]。

私たちは、様々な「もの」に取り囲まれ、そしてそれらの「もの」どもと触れ合いながら、自らも一個の「もの」として生きている。そして何かが「もの」として存在するための重要な要件のひとつとして、多かれ少なかれ、それが位置する環境の中での「独立性（independence）」の成立が挙げられるだろう。もしも私たち、生物、物体などがその周囲の環境の中に渾然一体となって溶け込んでおり、環境全体の流動性の中に完全に埋没してしまうような存在者だとしたら、もはやそれを一個の「もの」だとは言えないだろう。これは言い換えれば、個々の「もの」とその環境とを分かつ最低限の「境界」というものが存在しなければならないということである。

実際、（第2章でサイト説の提唱者のひとりとして紹介した）スミスによれば、アリストテレスの実体論の中には、「実体には完全な確定的境界がある。境界は、実体の特殊な部分である」という主張が含まれていた[(2)]。アリストテレスが実体として承認したのは、生物と物理的基本粒子のみであったとされているが、この条件に従えば、心臓や肝臓などの内臓や、腕や脚などの生物の「非分離部分（undetached parts）」は、それが身体から切り離されない限り、実体とは言えないことになる。それらには機能や形態によるおおよその区切りはあっても、「確定的境界」があるとは言えないからである。

単なる境界の有無によって、実体であるか否かという、当該の対象がどのようなカテゴリーに属する存在者であるかに関する大問題が左右されるというのは、一見奇異に思われるかもしれない。しかし実は、もしも境界の有無が重要な存在論的相違をもたらし得るとするならば、それによって非常にシンプルに解決できるかもしれない有名な存在論的難問がある。それは、「猫のティブルスのパラドクス」と呼ばれる次のような問題である。[3]

いま、「ティブルス」と呼ばれる猫がいるとする。その猫には尻尾があるのだが、ティブルスの尻尾以外の部分全体を「ティブ」と呼ぶことにする。そして実際、ある時点tにおいてティブルスが事故に遭い、その尻尾を失ってしまったとする。すると、時点t以降においては、ティブルスとして指示される対象とティブとして指示される対象とは完全に同一のものとなるので、次のようなティブルスとティブの（数的）同一性が成立する[4]：

図2　ティブルスとティブ

時点t以降のティブ＝時点t以降のティブルス　……①

しかし、ティブルスの時点t以前での状態について考えてみると、それは尻尾をまだ有していたのだから、当然、ティブとティブルスとは異なる性質を持った異なる対象ということになるはずである。時点t以前においてはティブには尻尾が含まれず、ティブルスには含まれるという相違があるからである。その結果、次が成立する：

時点t以前のティブ≠時点t以前のティブルス　……②

そのうえで、ティブのみに着目してみると、時点tにおいて尻尾を失うという非連続的な身体的変化を被ったティブルスと異なり、もともと尻尾を含まないティブ自体にはそうした変化は起こっていないので、ティブは、当然、時点tの前後で通時的同一性を保っているはずである。すなわち、次が成立する：

時点t以前のティブ＝時点t以降のティブ　……③

しかし、以上の①②③という三つの前提と同一性の性質を合わせると、直ちに次が帰結する：

時点t以前のティブルス≠時点t以降のティブルス　……④

つまり、ティブルスは、尻尾を失うというできごとによって、もはやティブルスとは異なる猫に

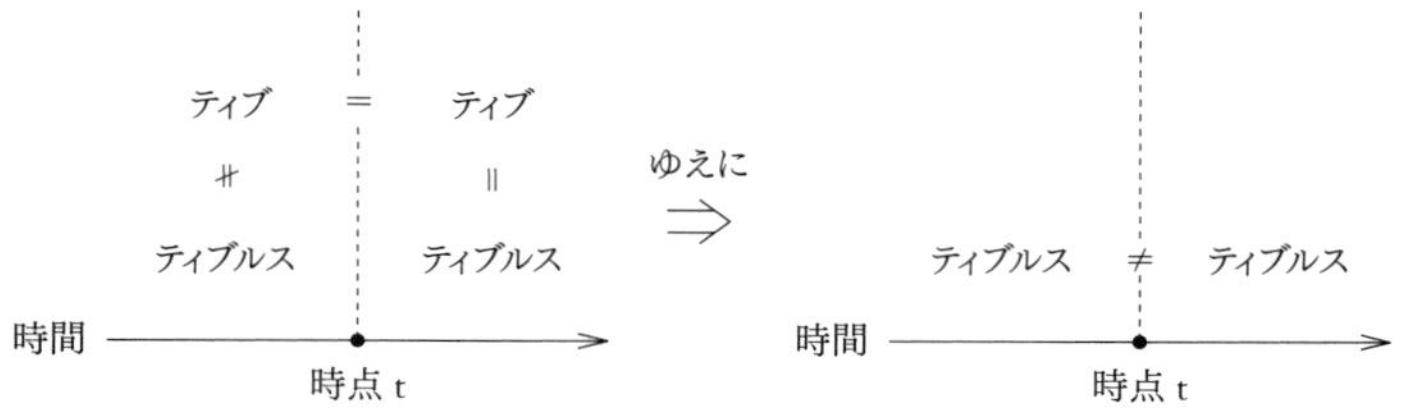

図3

なってしまったということである（この問題を図式化すると図3のようになる）。しかしこれは明らかに直観に反する。私たちは、例えば自分が飼っていた猫が尻尾を失ったくらいで、その猫が消滅して新たな猫がそこで生じたとは考えないからである。

したがって、「時点t以前のティブルス≠時点t以降のティブルス」という、常識に反する帰結を回避するためには、通常の同一性の概念を保持する限り、次の三つの方法があることになる：

(1) 右の命題①「時点t以降のティブ＝時点t以降のティブルス」を否定する。すなわち、時点t以降においてティブとティブルスは、その身体構成が同じであるにもかかわらず、両者は通時的対象として同一ではないと考える。

(2) 右の命題②「時点t以前のティブ≠時点t以前のティブルス」を否定する。すなわち、時点t以前においてティブとティブルスは、尻尾を含む・含まないの相違があるにもかかわらず、両者は通時的対象として同一であると考える。

(3) 右の命題③「時点t以前のティブ＝時点t以降のティブ」を否定する。すなわち、時点tにおいてティブは変化していないにもかかわらず、その前後での通時的同一性を否定する。

そして右の三つをいずれも採用できないのだとしたら、残るは、常識に反する帰結を受け入れるしかない。すなわち、次の選択肢を選ぶこととなる：

(4) 右の命題④「時点t以前のティブルス≠時点t以降のティブルス」を受け入れる。すなわち、(時点t以前の)ティブルスは、尻尾を失うことによって、まったく別の猫に入れ替わるのだと考える。

では、いずれの選択肢が正しいのだろうか。この問題に対しては、これまで多くの哲学者が様々な回答を提示してきた。右の四つの選択肢のいずれに対してもその実例があり、その四つそれぞれの中でもさらに多くのバリエーションがある(また、必ずしも右の分類に納まらないような選択肢もある)。この問題自体がここでのテーマではないので、ごく僅かな例のみ紹介すると、(1)については、時点t以降においてティブとして指示される対象はあくまでもティブルスの身体であり、ティブルスという一種の主体とは同一ではない、と主張する立場があり得る。つまり、同時に同一の場所に二つの対象が存在し得ることを承認するわけである。その場合、ティブとティブルスの間には、例えば前者が後者を「構成する(constitute)」などの、同一性とは異なる独特の存在論的関係が両者の間に成立していることになるだろう。しかしこれは、いわゆる一種の心身二元論に近い、現代ではなかなか採用しにくい立場を強いられることになる。(2)を選択する理由としては、尻尾を失ってもティブルスがティブルスでなくならない以上、その尻尾を持たないティブも、やはり(同じ時点における)ティブルスと同一と見なすべきだという正当化が考えられる。これは、どんな可能世界においても、ティブルスをティブルスたらしめる本質的特徴が失われていなければ、それはティブルスと同一であるとする、個体に関する一種の本質主義的立場だと言える。ただこの場合は、同一の可能世界としての現実世界内に同時に存在しながら異なる特徴を持つ各個体を同一の対象と見なさなければならないという点で、明らかな無理がある。(4)は、ティブルスが一種の物理的対象である以上、その構成要素が異なれば当然異なる対象と考えるべきだ、と考える立場に対応する。これは言い換えれば、部分関係はいかなる可能世界においても同一であると主張することになるので、「メレオロジー的本質主義(mereological essentialism)」と呼ばれる。しかし先に述べたように、これは常識に真っ向から反対する立場である。ある時点において誕生した後、一つの生物としてその死まで存続する通時的対象というものを完全に否定することになるからである。

そして、残りの一つ、すなわち(3)の選択肢を選ぶ根拠となり得るのが、境界に関する考察である。境界に着目したとき、時点t以前のティブと時点t以降のティブとでは、決定的な相違がある。それは、後者には完結した確定的境界があるのに対し、前者にはないということである。なぜなら、時点t以前のティブは、あくまでもティブルスという完結的境界を持った実体の一部にすぎず、尻尾とそれ以外の部分との境界は、あくまでも私たちが可能的に設定しただけのものでしかないからである。その意味で、時点t以降のその部分の境界は実在するのに対し、時点t以前においてはその境界は実在しなかった、と言える。したがって、両者の間にこのような実在的相違が存在する以上、両者は同一ではない、ということになる。

このように、ある部分における実在的境界の有無によって両者の相違を主張することが可能となるのだが、さらにそれ以上の主張を行う立場もある。今の立場はあくまでも時点t以前におけるティブの存在を承認したうえで、それと時点t以降のティブとの同一性を否定したのだが、より強い立場では、そもそも時点t以前において「ティブ」などという存在者は存在しない、したがって、同一性の正否すらも問題にできない、と主張される。そして、時点t以前においてティブが存在しない主な理由となるのはやはり、時点t以前におけるティブとは、ティブルスという一個の実体の「非分離部分」にすぎず、非分離部分とは、私たちが任意にその境界を設定しているだけのものにすぎないので、結局のところ、実在する対象とはいえない、ということである。

果たして(3)の選択肢に属するこれらの立場が妥当なのかどうか、あるいは少なくとも、他の立場よりも存在論的に優位なのかどうか、については、簡単に結論を出すことはできない。この立場による主張はおそらく、完結した確定的境界の有無が存在論的に重要であるということが先に認められて初めて通用する主張であり、ティブルスの問題に(3)のような解決を与え得ることをもって、境界の存在論的重要性を唱えることは、本末転倒以外の何ものでもないだろう。しかしいずれにせよ、境界の存在論について考察することは、実体に関するある存在論的問題に対してより優位な解答を与える可能性があるということだけは少なくとも言える。そして結果的にそれに失敗したとしても、境界についての検討過程は、独立性を中心とした実体の存在論的性格を究明するにあたって何らかの光を与えてくれるだろう。

2 なぜ境界は重要なのか(2)——実体の自己連結性

先ほどは、「もの」であること、実体であることの重要な必要条件として、環境からの最低限の独立性を挙げたが、少なくとも最低限の「まとまり」を持っている、ということも、実体の重要な性質のひとつだろう。もちろん、この二つは互いにまったく無関係な性質ではない。一つのまとまりであるためには、最低限の独立性は必要であろうし、逆に、独立しているということ自体に、ある種のまとまりを見出し得るだろう。

また、「まとまり」すなわち統一性には、その種類、強弱、濃淡など、様々な種類のものがある。生物や機械におけるような高度の機能システムとしての統一性、物体間の力による凝集性、音のハーモニーに見られるような調和性、雪や白紙の単色性のような性質の一元性、目的の共有による集団の協調性など、種々あるなかで、物体における「切れ目のなさ」すなわち「(空間的)連続性」も、最低限の「まとまり」の一つの形として挙げられよう。これをもう少し正確に述べると、合わせて物体全体を構成するどの二つの部分を採っても両者が必ずつながり合っている、という性質としての「自己連結性(self-connectedness)」ということになる。なお、ここでの「連結性」すなわち「つながり合う」ということは、必ずしも「隣り合う」ということを意味しない。

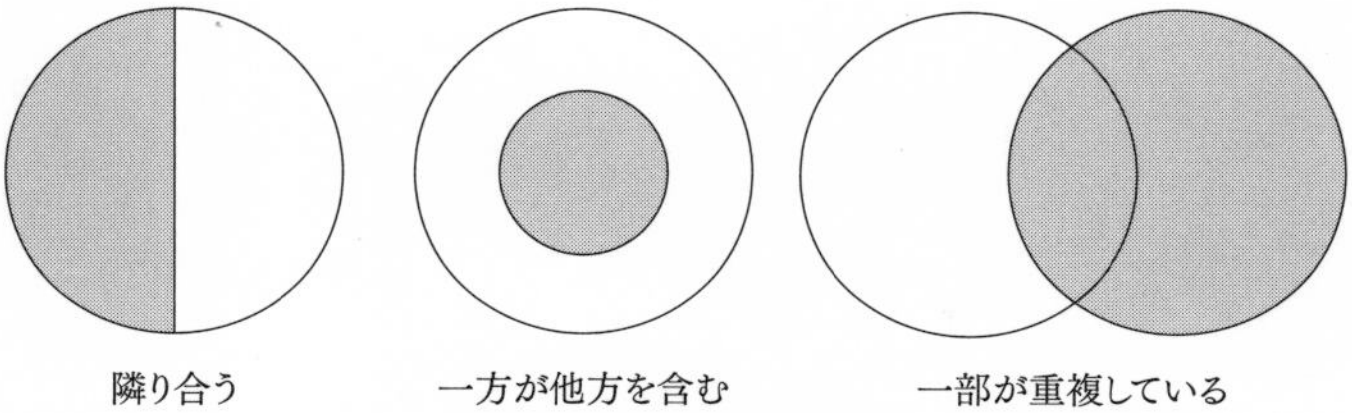

図4　三種類の連結性

一方が他方に含まれている二つの部分や、一部が重複している二つの部分も、まさに重複によって連結していると言える。

さて、物体が持つごく当たり前でつまらない性質のように見えるこの自己連結性であるが、実はこれを厳密に定式化しようとすると、必ずしも一筋縄ではいかない諸問題が現れてくる。そして、それらの問題の処理に当たって重要な位置を占めることになるのが、境界なのである。このことを確認するために、かなり長く、かつ、やや数学めいた話になってしまうが、この後の部分では、まず「連結性」を厳密に定義し、それに基づいて自己連結性を厳密に定式化することを試みた、(第2章で『穴』の共著者として紹介した)カサティとヴァルツィによる議論を概観する。これは、彼らが『部分と場所——空間表象の諸構造(*Parts and Places: The Structures of Spatial Representation*)』と題する共著の中で示した議論である[5]。

彼らはまず、ホワイトヘッド(N. Whitehead)が初期の著作『人知原理についての探究(*Enquiry Concerning the Principles of Human Knowledge*)』、『自然の概念(*The Concept of Nature*)』の中で示した、連結性の定義を紹介する。それは次のような定義である[6]:

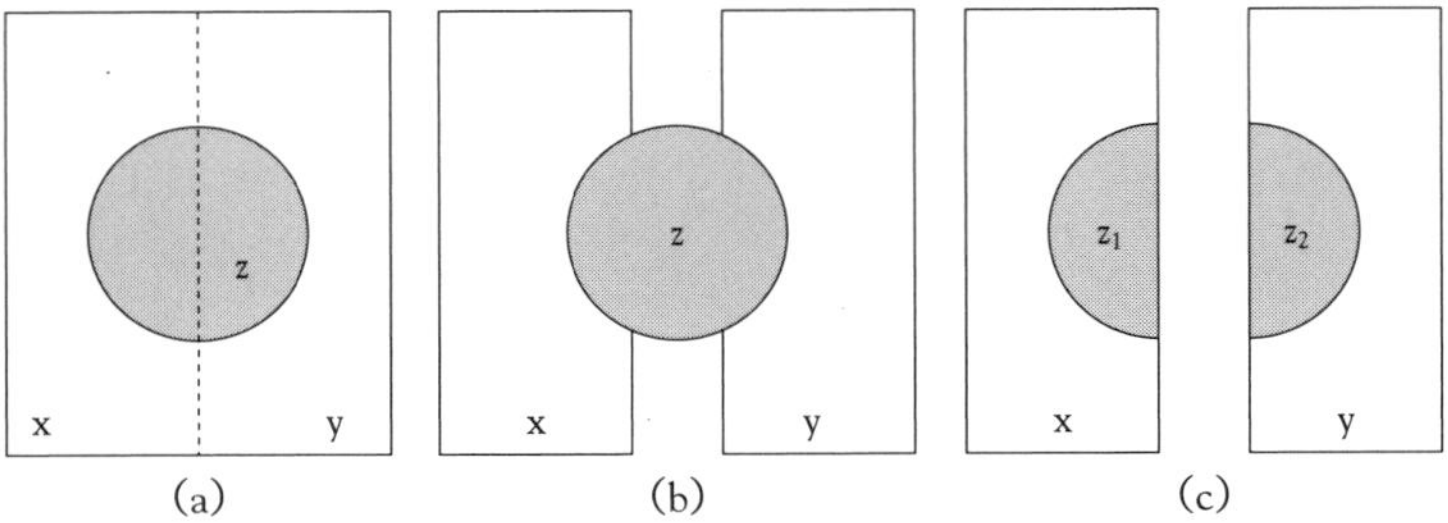

図5[(7)]

xがyと連結している。$\equiv_{df.}$ 次のようなzが少なくとも一つ存在する：zはxとyの両方と重複しており、かつ、xとyのどちらとも重複しないような部分は持っていない。〈$\exists z((Ozx \wedge Ozy) \wedge \forall w(Pwz \Rightarrow (Owx \vee Owy)))$〉

この定義は、図5の(a)のような場合を想定したものである。いま、例えば図形が直方体のブロックを表しているとすると、その左半分の部分xと右半分の部分yは、連結していると言える。ホワイトヘッドによれば、その理由は、右の定義で規定されたようなz、例えば図(a)で影付けした円によって示したような球形の部分zが存在するからである。このzは、xとyのいずれとも重複している。そして、どちらとも重複しないような部分は持っていない。また、図4の中央の場合のように、xがyの部分となっている場合も、x自体を右の定義におけるzと考えることができるので、やはりxとyは連結していると言える。zがxとyいずれとも重複する部分を持ちながら、どちらとも重複しない部分も持っている例が、図5の(b)のような場合である。たしかにこの場合、xとyは連結しているとは言えない。

このように、一見、連結性という性質を的確に捉えているように思われるホワイトヘッドの定義であるが、残念ながら、実はこの定義では連結性の定義としては弱すぎる。というのも、xとyの間に右の定義を満たす関係が成立しているにも関わらず、xとyが連結しているとは言えない、図5の(c)のような場合が存在するからである。この場合、zをxの部分としてのz_1とyの部分としてのz_2とから成る対象$z_1 + z_2$だとする。すると、このzは、xと重複する部分とyと重複する部分の両方を持つと同時に、いずれとも重複しない部分は持っていないので、右の定義で規定された条件を満たしている。にもかかわらずこの場合、明らかにxとyは連結していない。

もちろん、このような反例が生じてしまった理由は、z_1とz_2という分離した部分から成るzのような対象をひとつの対象として認めてしまったからである。したがって、そのような対象は排除するような形で定義し直せばよいと一見思われる。しかし、そのような対象を排除するということは、先ほどの定義における定義項に、さらに、「zは分割されていてはいけない」あるいは「zは連続的な対象でなければならない」などの条件を加えるということであるが、まさにこの条件は、「zは自己連結的でなければならない」と言うのとまったく同等である。つまり、xとyの連結性を定義するに当たって、連結性の概念を含んでいる「自己連結性」という概念を前提していることになる。だとすれば、右の定義は、この条件の付加によって、連結性の定義項の中に被定義項である連結性を含んでしまっていることになり、完全な悪循環になってしまうのである。

結局のところ、ホワイトヘッドの方法は、「重複」「部分」などのメレオロジー的概念だけを用いて連結性を定義しようとする試みであり、その失敗は、連結性のそのようなメレオロジー的還元が不可能であることを示していると考えられる。そこでカサティらは、メレオロジーにおいて採用されている、「xはyの部分である〈Pxy〉」という二項関係を表す未定義語「P」に、「xとyは連結している〈Cxy〉」という二項関係を表す未定義語「C」を新たに付け加えて構成される「メレオトポロジー（Mereotopology）」を用いて、自己連結性を定義した。

彼らはまず、「xとyは重複している〈Oxy〉」という二項関係を表す述語「O」を、「xとyの両方の部分であるような少なくとも一つの対象zが存在する〈∃z(Pzx ∧ Pzy)〉」という形で未定義語「P」を用いて定義したうえで、「xは自己連結的である〈SCx〉」という述語「SC」を次のように定義する(8)：

SCx $\equiv_{df.}$ 任意の対象y、z、wについて、wがxと重複する場合と、wがyまたはzの少なくとも一方と重複する場合とが同じであるならば、yとzは連結している。

〈∀y∀z(∀w(Owx ⇔ (Owy ∨ Owz)) ⇒ Cyz)〉

「重複する」という概念を用いた回りくどい言い方になっているのでわかりにくいが、「任意の対象y、z、wについて、wがxと重複する場合と、wがyまたはzの少なくとも一方と重複する場合とが同じである」とは、要するに「yとzを合わせればx全体を過不足なく覆うことになる」すなわち「yとzのどちらとも重複しないようなxの部分は存在しないし、xと重複しないようなｙまたはｚの部分も存在しない」ということである。したがって「合わせて物全体を構成するどの二つの部分を採っても両者が連結している」という（日常語による）自己連結性の定義の中に現れる「合わせて物（ｘ）全体を構成する任意の二つの部分（ｙ、ｚ）」に対応している。そして、そのような任意のｙ、ｚが常に連結している、ということのひとつの帰結として、ｘ全体をどのように二分割したとしてもそれぞれの分割部分は常に連結している、ということを表しているわけである。

　そして、さらに部分性概念と連結性概念に関するいくつかの自然な前提を加えると、この定義は、次のように簡略化できる（ここでの「ｙとｚの和（y＋z）」とは、大まかに言えば、「ｙとｚを合成した（唯一の）対象」を表す）[9]：

$SCx \equiv_{df.}$ 任意の対象ｙ、ｚについて、ｘがｙとｚの和であるならば、ｙとｚは連結している。

〈$\forall y \forall z(x = y + z \Rightarrow Cyz)$〉

　このように、部分性、重複性などのメレオロジー的概念以外に連結性という概念さえ用いれば、自己連結性は問題なく定義できるように思われる。しかし実は、この定義でもまだ弱すぎる。というのも、例えば、二つの球ｚ、ｙが一点において接触している図6のような場合も、この定義によると、二つの球から成る対象ｘは自己連結的であることになってしまうからである。確かにこの場合、ｙとｚは離ればなれではなく、接触している以上、「連結している」と言わざるを得ないように思われる。しかし一方、私たちは、例えば先ほどのブロックのような対象であれば迷うことなくひとつの実体として受け入れるのに対し、ただ接触しているだけの二つの球は、やはりあくまでも二つの実体であって一つの実体とは通常は考えないだろう。[10]

もちろん、「連結性」は未定義語として導入されているので、一点だけで接触しているような場合も「連結している」と考え、したがって、二つの球から成る対象xはひとつの自己連結的な対象だと「取り決める」ことはできる。しかしその場合であっても、少なくとも、ブロックのような強い意味での自己連結的対象と、接触している二つの球から成る対象のような、弱い意味での自己連結的対象との「区別」だけはされなければならないだろう。どのように考えれば、両者は区別できるのだろうか。

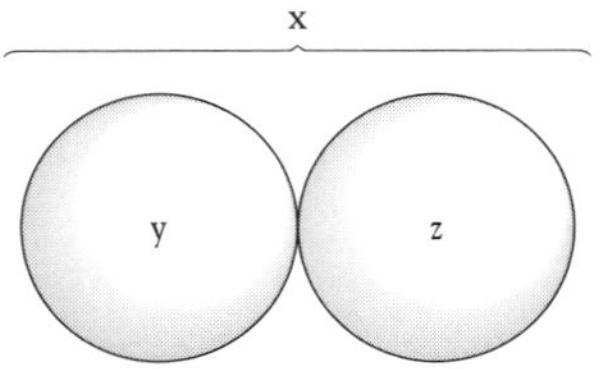

図6　一点で接触する二つの球

一つの方法は、次のように区別することである。接触する二つの球y、zから成る対象xの場合、例えば球yの内部の点からもう一つの球zの内部へと線を引いたとき、たしかに、対象xの「外部」を経由することなく、線を引くことはできる。球zと球yの接触点を通過するように線を引けば、その線が対象xの外部に出ることはないからである。その意味で、対象xは自己連結的だと言える。しかしその際、球の「内部」を出ることなく、線を引くことができているかというと、そうは言えないのではないか。なぜなら、まさに線が接触点を通過する際、線は、二つの各球の「表面上」にあるからである。表面は、球に属してはいるかもしれないが、球の「内部」とは言えないのではないか。そして対象xがyとzの和であるとすれば、yの内部でもなくzの内部でもないような箇所は、当然xにとってもその内部ではない。したがって、その線は、少なくとも対象xの「内部」からはいったん抜け出ていることになる。これに対し、ブロックの右半分から左半分に線を引く場合、その線がブロックの内部から抜け出ているということはないだろう。その線がブロックの表面を経由する必要は、全くないからである。だとすれば、対象の外部に出ることなく常にその対象の任意の二つの分割部分にまたがる線を引くことができる場合としての、弱い自己連結性と、対象の内部だけを通過して同様の線を引くことができる場合としての、強い自己連結性とを区別することができることになるだろう。カサティらは、この考え方に基づいて、強い自己連結性〈SSCx〉を次のように定義した（「SCix」における「ix」は「xの内部」を表す）[11]：

xは強い意味で自己連結的である。〈SSCx〉 $\equiv_{\text{df.}}$ xの内部が（弱い意味で）自己連結的である。〈SCix〉

これによって、二つの球が接触している場合のような弱い自己連結性と区別した形で、ブロック（およびその部分）の場合のような強い自己連結性、すなわち、本来の望ましい意味での自己連結性をようやく定義できたことになる。ただしこの区別は、対象の内部ではないということが必ずしも外部であるということを意味しないということ、言い換えれば、対象の「外部」ではない、すなわちその一種の部分ではあるが「内部」とも言えないような、特殊な意味での「部分」が存在するということが認められて初めて成立するものである。そして、その部分とは、まさに（表面としての）「境界」に他ならない。とすれば、境界が存在しなければ、接触した二つの球から成るような仮性的まとまりしか持たない実体とブロックのような本来のまとまりを持つ実体とを、少なくとも自己連結性に関して区別するすべはない、ということになる。そして両者の区別は多くの者にとって直観に適ったごく自然なものであろう。だとすればそのことは、少なくとも私たちの日常的存在論の中には、自覚的であれなかれ、境界という存在者が組み込まれていると考える、ひとつの根拠となるだろう。

3 なぜ境界は重要なのか(3)――「触れ合い」の謎

先ほどは、接触する二つの球を例として用いながら、強弱の自己連結性の区別について語った。そして、二つのものが接触しているということは、両者の境界が少なくともその一部分において重なり合っていることだと考えられるので、境界の概念は、ものどうしの「触れ合い」について語るためにも不可欠である。しかし、この境界の重なり合いとしての接触という、ごく当たり前の日常的概念の中に、実はとてつもない謎が詰まっている。例えば、クラインとメイトソン（A. D. Klein and C. A. Matheson）は、右に挙げたような二つの物体の接触（衝突）は論理的に不可能であるということの証明を「衝突の論理的不可能性（The Logical Impossibility of Collision）」という論文の中で提示した[12]。それは次のような証明である。

(1) 二つの物体間の衝突には、両者の接触が含まれている。
(2) もしも二つの物体が接触しているならば、それらは、隣り合ういくつかの空間点を占拠しているか、それらは空間的に重複しているかのいずれかである。
(3) 空間は連続的である。
(4) いかなる二つの物体も、隣り合う空間点を占拠することはできない。（空間は連続的なので、いかなる空間点も別の空間点と隣り合っていない。）
(5) 二つの物体が空間的に重複することは不可能である。
(6) それゆえ、いかなる二つの物体も接触しない。
(7) それゆえ、いかなる二つの物体も衝突しない。

右の二つの接触する球に即して少し解説しよう。先ほどは、二つの球が一点において接触しているという事例を何ら問題視することなく用いたが、そもそも「一点において接触している」とはどういうことなのだろう。ひとつの解釈は、その一点を二つの球が共有しているということ、すなわち、そこで両者が重複しているということである。この場合、そこにあるのは実は二つの球という二個の対象があるのではなく、二つの球という二個の（一点において重複した）「部分」

を持つ一つの（強い意味では自己連結的と言えない）対象であることになる。

しかし、もともとその二つの球が独立に存在する物体なのだとしたら、それらを接触させたときに、両者の一部分が「重複する」ということはあり得ないはずである。そうだとしたら、それは単なる接触や衝突ではなく、むしろ「合体」あるいは「融合」ということになるからである。これが、クラインらの証明の前提(5)が主張していることである。したがってこの場合、接触に関するもう一つの可能な解釈を採用するしかない。それは、両者は一つの空間点において重複しているのではなく、隣り合っている二つの空間点のそれぞれに各球上の一点が位置している、と考えることである。

しかし、そのようなことはあり得ない。なぜなら、そもそも空間が連続的である以上、ある点と別のある点とが「隣り合っている」というような場合は存在しないからである。空間が連続的であるとは、空間を切断したときに必ずそこには点が存在するということの他に、任意の二つの異なる空間点の間には必ず別の点が存在するという「稠密性（density）」をも含意しているので、例えばその切断面上の点が「隣り合う」点というものは存在しないのである。これが、右の証明の前提(3)(4)が主張することである。

そして、接触するということがあるとすれば、その形はいまの二つの場合しかあり得ない、という(2)の前提が認められるならば、これによって接触は不可能であるという(6)の帰結がもたらされることになる。さらに、接触は衝突のための必要条件であるという(1)の前提によって、衝突も不可能であるという(7)の帰結がもたらされるわけである。

かくして、接触や衝突が存在し得ない、というとんでもないことが証明されてしまったわけだが、おそらくそこでの推論の進め方自体は妥当だと認めざるを得ないだろう。だとすれば、推論の出発点となっている(1)から(5)の前提のうちの少なくとも一つを否定しない限り、私たちは、この帰結を甘んじて受け入れなければならないことになる。果たして、いずれかを否定することは可能だろうか。

まず前提(1)を否定することを考えてみよう。実際、量子レベルにおいては、素粒子や原子どうしの厳密な意味での接触や衝突は起こっておらず、接近すればするほど強く働く何らかの斥力のために、きわめて近くまで接近しながらも衝突することなく急転回して両者は遠ざかっていくのだ、と考え得る。さらにもっと根本的に、そもそも量子とは、日常的なレベルでの物体のように明確な境界（表面）を持ちつつ持続的に存在する実体的対象ではなく、むしろ一種の「力の中心」や「エネルギーの結び目」のようなものとして周囲と連続的に繋がっている、境界が曖昧な対象であるとか、量子は実は「物」と言えるような対象でさえなく、時空におけるある種の「攪乱状態」のようなものであるとか、量子場のある部分が所有している一種の傾向性であるなどと考えることが可能である。[13] 同様の事情が、前提(3)(4)についても当てはまる。量子レベルでは、空間自体も量子的、すなわち、連続的ではなく離散的な構造を持っていると考えることが可能であり、実際その方法が、相対論と量子論を総合する一つの手段として提案されている。[14]

量子論を代表とする現代物理学の成果によって「物」の概念が大きな改変を迫られ、そのことが、実体論およびその中で大きな比重を占めていた境界論のかつての活気を奪い去っていったということは否定できない歴史的事実である。しかし、それによって実体論や境界論はもはや現代的意義をまったく持たなくなったのだろうか。必ずしもそうではない、と主張し得る理由がいくつか存在する。(15)

まず第一に、右で紹介したクラインらの証明は、単に「厳密な意味での衝突や接触は現実には起こっていない」ということを証明しただけなのではない。もしもそれだけだとしたら、確かに、経験科学としての現代物理学によってそのことが実証された、と言い得るかもしれない。しかし彼らの証明は、そもそも衝突や接触というものが「あり得ない」ことの証明なのである。しかもその「あり得なさ」は、たまたまこの現実世界で成立している自然法則の結果、この現実世界では起こり得ない、という弱い意味でのあり得なさではなく、衝突や接触の概念は実は矛盾を含んでいるので、そもそも厳密には意味をなさないということ、そしてその結果、何かと何かが触れ合ったり、ぶつかり合うことによって因果的影響を及ぼし合うという関係を含むような機械論的説明は、すべからく論理的に不整合であり、破綻している、ということの証明となっているのである。これは、極端に表現すれば、科学的・日常的を問わず、現代人を含めたこれまでの人類の世界認識の中核部分の大半が、矛盾を含んだ不合理なものであった、ということを含意しているのではないだろうか。果たして「もの」どうしが触れ合ったりぶつかり合ったりしているという見方を私たちから完全に奪い去ることができるのだろうか。少なくとも私たちが生きる中間サイズレベルの世界では、こうした見方は不可欠であり、そのことは、単に常識的・日常的世界においてのみならず、生物学、環境科学、機械工学などの対象から成る科学的・工学的世界においても同様であろう。

この点は、空間の連続性についても当てはまる。空間が連続的であるということは、私たちの日常的世界像においては言うまでもなく、例えば、微分や積分が可能であることの前提となっている。したがって、それを否定することは、解析学およびそれに基づく幾何学、物理学、工学などの多くの分野での成果を拒否することとなる。また、衝突や接触にこだわらず、特に境界の重要性という点だけであれば、仮に厳密な意味での実体的な基礎粒子の存在を完全に否定し、すべて場による一元論的理論を成立させることが可能だったとしても、場の中の隣接し合う各領域どうしの関係やそれぞれの部分の存在論的性格などについての問題は依然として残る。そしてこれらについて考えるためには、やはり境界についての真剣な考察が不可欠である。

さらに、空間の連続性、実体的素粒子の存在いずれについても、接触や衝突の場合と同様、仮にそれらがこの現実世界においては成立していないのだとしても、少なくともそれらが成立しているような世界が「存在し得る」ということには変わりはないだろう。現につい最近までは、まさに現実世界はそれらによって成り立っていると考えられていたのだから、もしもそれらが成立不可能なことであるのだとすれば、この場合も、これまでの人類の日常的認識および近代科学の成果のほとんどが、非常に強い意味で「あり得ない」存在論のうえに立脚していたということになってしまう。これはいかにも受け入れがたい、極端な帰結であろう。そして現時点でも、むしろ（時）空間の非連続性と場の一元論へとすべての理論を還元させることの可能性の方が小さいのではないだろうか。そうだとしたら、接触や境界にまつわる存在論的問題は、依然として残っているということである。

第二に、これは穴の存在論に関して述べたことを繰り返すことになるが、もうひとつ重要なのは、ミクロレベル、中間レベル、マクロレベルでの存在論は、すべて同等の資格を持っているということである。仮に、ミクロレベルでは厳密な意味での接触や衝突が起こっておらず、すべて何らかの斥力によって記述できるとしても、それをもって日常的な中間レベルの物体間の接触や衝突を記述したことにはならない。端的に言って、ミクロレベルでの存在論の中には中間レベルの存在者は含まれておらず、逆に中間レベルでの存在論の中にはミクロレベルの存在者は含まれていない。例えば「二つの水素原子が結合した」という記述がなされるようなミクロの存在レベルの中には私たちは存在せず、「白鵬と朝青龍がぶつかり合った」ということが記述されるような中間的存在レベルの中には、原子は存在しない。したがって、極言すれば、「白鵬と朝青龍は厳密な意味では衝突していない」と主張することは、中間レベルでの存在論の中へ、そこには本来存在しない存在者をこっそり紛れ込ませることによる、二枚舌的な一種の欺瞞でしかない。日常的対象どうしの諸々の相互的関係について語っていながら、接触や衝突の場合にだけミクロレベルの記述を行うということは、実際には、中間レベルの世界からそのときだけミクロレベルの世界へと一時退避することによって、中間レベルで接触や衝突を記述することを回避しているだけでしかないのである。

もちろん、各レベルの存在論が同等の資格を持つという主張は、各存在論の記述対象が、それぞれまったく異なる複数の世界であるということを意味するわけではない。まず第一に、それはあくまでも、一つの実在の異なるレベルの諸断片であるということであり、種々のレベル間では諸々の存在論的、因果的な依存関係が成立している。ここで主張されているのは、あくまでも存在者としての同等性である。すなわち、異なるレベルの存在者間での存在の「仕方」に関する何らかの依存的関係がそこには見出されるかもしれないが、他に依存する存在者は、その依存関係によって存在そのものまでが脅かされるわけではないということである。第二に、ここで語られているミクロ、中間サイズ、マクロなどの各存在レベルの「設定」自体は、あくまでも私たちによってなされているものでしかない。ここでも重要なのは、各存在レベルを切り取る「仕方」はもっぱら私たちに依存せざるを得ないが、それによって、切り取られた存在者たち自身が私たちに依存するわけではないということである。神ならざる私たちは当然、実在の一部をある観点のもとで認識するより他はない。しかしそのことは、それによって実在の姿が何らかの形で歪められているということを必ずしも意味しない。私たちは言わば、実在に向けて開かれた網の目を、その時々の文脈や目的に応じた形と大きさで設定しているのであり、その網の目を通して捉えられるどの存在者も、網の目があろうがなかろうが、もともと実在の中に存在する。だとすれば、ミクロ、中間サイズ、マクロ、これら異なるレベルの網の目によって捉えられるすべての存在者が実在すると考えることは少なくとも可能だろう。

さて、知らぬ間に話が大きくなってしまったが、もともとのクラインらの議論に戻ろう。なぜこのような話になったかというと、彼らによる衝突の不可能性の立証を論駁するために、ミクロレベルに着目することによって、五つの前提のうちの(1)(3)(4)の少なくとも一つを否定して、厳密な意味での衝突は起こっていないとか、空間は実は離散的である、と主張するという方法があり得る、という話からであった。そして結局、いま述べた議論が大筋において間違っていなければ、その方法は妥当とは認められない、ということである。だとすれば、残りの選択肢(2)(5)の真偽について検討しなければならない。そしてその検討のためには、いずれの場合にも「境界」というものの存在性格に関する真剣な考察が不可欠である。この後の数節で、それを行うこととしよう。

4　境界とは何ものか(1)——無としての境界

残る二つの選択肢のうち、(2)から検討しよう。(2)は次のような前提であった‥

(2)　もしも二つの物体が接触しているならば、それらは、隣り合ういくつかの空間点を占拠しているか、それらは空間的に重複しているかのいずれかである。

この前提を否定するということは、二つの物体の接触方法として、隣り合う空間点の占拠・空間的重複という二つの方法以外に第三の方法があり得ると主張することである。あり得るとすれば、どのような方法なのだろうか。

クラインらは、考え得るひとつの方法として、「位相論的対応（topological response）」と呼ぶ次のような方法を挙げている。位相論においては、閉集合と開集合という区別がある。例えば0から1までのすべての実数の集合を考えたとき、0と1もその要素として含むような集合と、それらを含まない集合とが考えられる。前者が閉集合であり、[0,1]と表記されるのに対し、後者は開集合であり、(0,1)と表記される。もしもこのような区別が物体に対しても適用できるならば、物体にはその境界をその部分として含む「閉物体」と境界を含まない「開物体」とに分けられることになる。そして、もしも現実に存在する物体のすべてが「開物体」であるとすれば、それらが衝突したときに起きていることは、必ずしも前提(2)で述べられている二つの方法によるものではないかもしれない。

というのも、いま、仮にある時点で二つの開物体A、Bが地点x＝0において衝突しているとすると、物体A、Bはともに開物体なので、そのいずれの先端も地点x＝0上の空間点には重複していないことになる。しかし、地点x＝0がその時点で物体AとBの間に存在する唯一の点であり、点には幅がない以上、両者の距離はその時点で0であるということは成立する。すなわち、その意味において両者は「接触」していると言える。しかし、この場合の接触とは、重複はしていないが分離もしていないという、すべて否定形によって記述される意味での接触であり、その際の両物体の境目を「境界」と呼んでよいとすれば、その境界は、重複している何かでも、間隙を形成する何かでもない、まさに「無」としての境界だということになるだろう。(なお、ここで述べられているのはあくまでも、現代位相論の図式のもとではそのような見方も「可能だ」ということであり、それが、現代位相論における接触についての「標準的な」捉え方だということではない。後述するように、現代位相論ではむしろ、開物体と閉物体に対応する、点の開集合と閉集合の間でのみ接触が可能だとされる。)

実は、このような考え方は、決して位相論という現代数学の道具立てによって初めて可能になったというものではない。例えば、かの有名なレオナルド・ダ・ヴィンチが、空気と水の境目について次のような同様の考え方を提示している(「万能の天才」といわれる彼の「万能さ」は、こんなところにまで及んでいたのである)[16]:

……空気を水から分かつものは何なのだろうか? そこには、空気でも水でもなく、しかし何ら素材を持たないような、共通の境界がなければならない。なぜなら、物体が二つの物体の間に挟まれているとすると、その物体が両者の接触を妨害することになるからである。そして、空気と水がいかなる媒質も挿入されることなく接触し合っている以上、そのような妨害は起こっていないのである。…(中略)…したがって表面とは、連続的でない二つの物体に共通する境界であり、そのいずれの部分ともなっていない。というのも、もしも表面がそのいずれかの部分を成すならば、それは分割可能な塊であることになるが、しかし、それは分割可能ではない。とすれば、無がこれらの物体を互いに分け隔てているのである。

興味深いのは、ここでレオナルドが、水と空気の境界を、「表面」とも呼んでいることである。しかしその表面は、彼の考えるところでは水や空気の一部ではない。だとすれば、彼の定義に従うかぎり、水の表面は水ではない以上、(水の性質としての)湿性を持っていないと考えるか、逆に、それは水の一部ではないにもかかわらず湿性を持っていると考えるかのどちらかしかないことになる。しかし、水の表面が水に属していないという主張も、水の外にあるものが（水の性質としての）湿性を持っているという主張も、明らかに直観に反しているだろう。

だとすればやはり、水と空気のいずれについても表面を持たない「開物体」だと考えたうえで、クラインらが示したような形で位相論的に両者の接触を説明する方が合理的であろう。

しかしこの考え方にもいくつかの問題点がある。まず第一に、点集合の一つの形としての「開集合」であれば特に違和感はないが、境界を持たない物体としての「開物体」という概念自体が何か不気味である。少なくとも、私たちの日常的な物体のイメージに反している。しかも、仮にそのような物体の存在可能性を承認したとしても、この場合要求されていることは、実はそれだけではない。この世のすべての物体が開物体であるということ、つまり、絶対に現実世界には閉物体は存在しない、ということを主張しない限り、衝突が不可能であるという結論を回避できないのである。しかしその場合、概念的には閉物体も可能であるにも関わらず閉物体が現実世界に存在しないのはなぜなのか、ということを説明しなければならないだろう。

第二に、もしも物体が分割可能であるならば、分割によってできた二つの断片の一方の切断面は、境界を持つはずである。[17] 例えば、いまある方向に設定された数直線（0, 1）の間に位置する開物体があるとしよう。それを数直線上の0・5の位置で二分割した場合、その物体は、それぞれ（0, 0.5］と（0.5, 1）の位置にある二物体となるか、（0, 0.5）と［0.5, 1）の位置にある二物体となるかのどちらかである、と考えることは自然だろう（さもなくば、点0・5は分割によって消

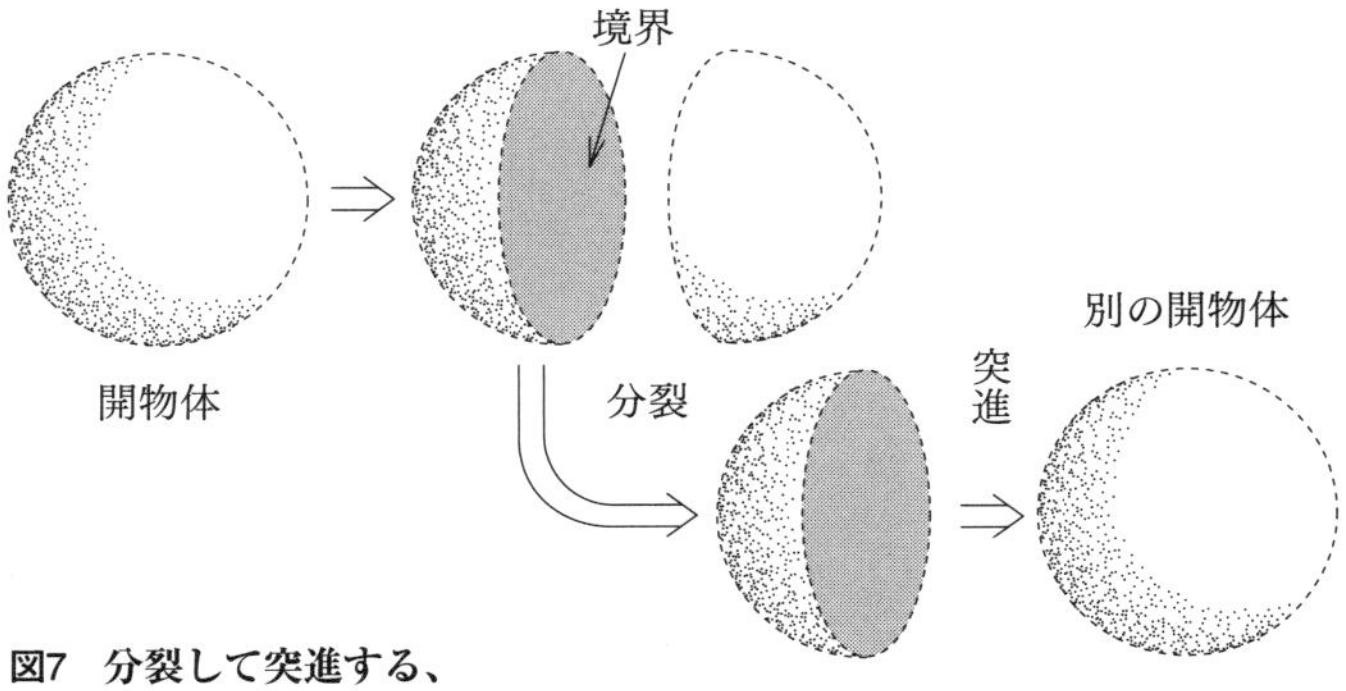

図7　分裂して突進する、境界を持つ開物体の半分

滅してしまうか、あるいは二つになるかのどちらかだと考えなければならない）。だとすれば、物体の分割のたびごとに、少なくともその一部において境界を持つような物体が生ずることになる。そして、その境界部分が他の物体と衝突する機会が当然生ずることになるだろう。さもなくば、ある物体の境界部分が衝突方向に向かっている場合、なぜかその物体はくるりと向きを変えて、境界を含まない部分が衝突面となるとか、なぜかその場合に限り、相手との衝突を避けることになるなどの、不思議な物理現象が見られることになると考えざるを得ないからである。しかし実際、そのような現象はこの世では見られないだろう。[18]

ただし、この第二の問題は、すべての物体は分割不可能な基本粒子が合成したものであると考える、原子論的な存在論を採用したうえで、各原子が開物体であると考えれば、いちおう回避できる。しかし、やはりなぜこの現実世界のすべての原子が開物体でなければならないのか、という説明責任は残る。また、すべての物体が開物体であると考えると、前々説で述べたような、強い自己連結性と弱い自己連結性の区別が消失してしまう。というのも、両者の区別は、対象の内部だけを通過してその対象の任意の二つの分割部分にまたがる線を引くことが常にできる場合と、それはできないが対象の外部に出ることなく同様の線を引くことは常にできる場合との相違によるものであったが、この区別は、外部でも内部でもない何ものかとしての「境界」の存在を前提として初めて可能となる区別である。したがって、すべての物体が開物体だとしたら、物体の境界なるものは一切存在しないのだから、両者の区別は消失せざるを得ないのである。その結果、少なくとも自己連結性を単一性の基準とする限り、単独の原子と、隣接し合った複数の原子とを、区別できないことになる。これは、そもそも「原子」という概念自体を、ひいては原子論的な存在論そのものを脅かしかねない由々しき事態ではないだろうか。

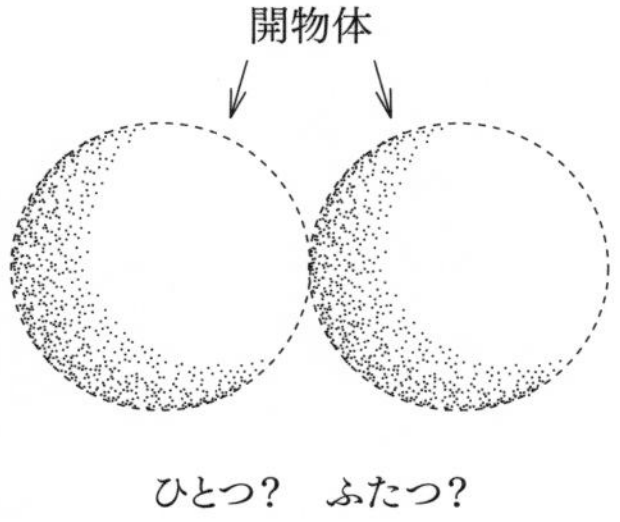

図8

5　境界とは何ものか(2)——抽象的対象としての境界

境界とは一種の無であるという主張と基本的には軌を一にしながらも、二次的な意味であれば、一つの対象としてその存在を承認する、という立場があり得る。それは、具体的対象としてはその存在を認めないが、一種の抽象的な対象としての存在を承認するという考え方である。このような立場の代表と考えられるのが、

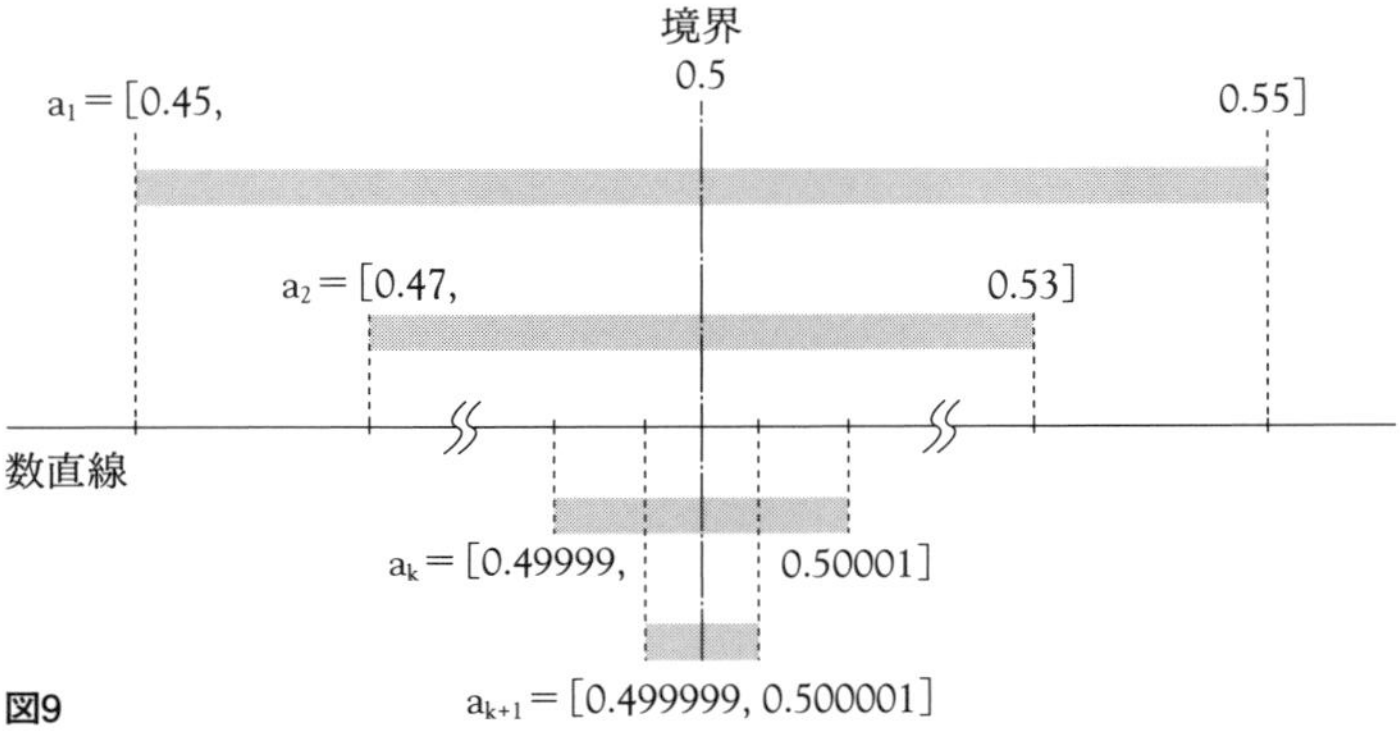

図9

ホワイトヘッドの「延長的抽象（extensive abstraction）」という理論である。ホワイトヘッドは、境界を、重なり合いながらある一点へと収束していく（具体的）対象の集合だと考えた。例えば、先ほどと同様、数直線上の点0・5の位置に境界があるとしよう。するとその境界は、例えば閉区間 $a_1=[0.45, 0.55]$ の中に位置している。また、その閉区間を少し狭めた閉区間 $a_2=[0.47, 0.53]$ の中にも位置している。そしてこのように少しずつ狭めていけば、$a_k=[0.49999, 0.50001]$、$a_{k+1}=[0.499999, 0.500001]$、$a_{k+2}=[0.4999999, 0.5000001]$……と、どんどん非常に狭い閉区間となっていくが、その幅はゼロではなく、常に一定の幅を持っている。したがって、どこまで狭めていってもこれらの閉区間自体が境界と同一になることはないが、境界は、常に個々の閉区間の中に位置している。

　だとすれば、境界というものを、このような閉区間の収束が向かっている仮想的な何か、すなわち、それ自体は具体的対象ではないが、収束していく閉区間のすべてに共通する何かとして、規定することができるだろう。これは言い換えれば、そうした収束していく（無限個の）閉区間の集まり全体によって表される何かとして境界を捉えることだとも言える。例えば、点0・5の位置にある境界とは、いま述べたような閉区間をすべて集めることによって作られる、次のような一種の（無限）集合Bと見なすことができる：

$$B = \{a_1(=[0.45, 0.55]), a_2(=[0.47, 0.53]), \ldots\ldots a_k(=[0.49999, 0.50001]), a_{k+1}(=[0.499999, 0.500001]), a_{k+2}(=[0.4999999, 0.5000001]), \ldots\ldots\}$$

重要なのは、個々の閉区間は具体的対象であるが、境界がそれらを要素とする「集合」として規定されるとすれば、境界は、もはや具体的とはいえない、抽象的対象だということである[19]。例えば、山田太郎、佐藤花子など、個々の人間は、特定の時空点に位置し、特定の体重、身長、性格を持ち、特定の喜怒哀楽や振る舞いを示す。しかし、彼らを要素とする「集合」としての「人間」は、どこの時空点にも位置せず、体重や身長や性格などは持たず、喜怒哀楽、振る舞いなどは一切示さない。「集合」がダイエットに苦しむはずはないし、「集合」が踊ったり走ったりするはずがない。「集合」という抽象的対象としての「人間」自体は、「人間」の集合には属さないのだから当たり前である。「人間」という集合に属するためには、血も肉もある具体的対象としての個々の人間でなければならないのである[20]。

しかし、だとすると、抽象的対象としての境界とは、目にすることも触れることもできない何かだ、ということになってしまうのではないだろうか。知覚され得るためには、それは少なくとも具体的対象でなければならないからである。それはちょうど、例えば1や2という数そのものを見たり触ったりできないのと同様である。そして具体的対象でないということは、その通常の解釈によれば、それは時間の中にも空間の中にも存在しないということである。したがって、厳密に言えば、「列車がフランス国境を通過した」「ドイツ国境は東へ移動していった」などの命題は、ちょうど「列車が1という数を通過した」「2という数は東へ移動していった」という命題とまったく同様に無意味な命題であることになる。これはいかにも妙な話であろう。

結局のところ、境界を集合のような抽象的対象として規定するということは、実は境界という対象そのものについて何らかの存在論的主張を行うことではなく、境界やそれを取り巻く空間的諸対象が持つ形式的な構造や関係を表現するために、そのモデルとして集合という抽象的対象を用いることができる、ということの主張でしかないと考えるべきであろう。つまり、集合としての境界とは、実は境界そのものではなく、そのダミーでしかないのである。あるいは、この状況をまったく正反対に捉えることもできるかもしれない。つまり、むしろ境界こそが集合のダミーだと考える立場があり得る。実際、もしも集合という抽象的対象についての実在論者であれば、私たちが日常的に「境界」という、一見、具体的と思われる対象について語っていることは、実は「集合」という抽象的対象についての主張であって、「境界」を用いた主張は、一種の省略形にすぎない、すなわち、境界という(具体的)対象は実は存在せず、あくまでも集合について語るためのひとつの方法にすぎない、と主張するかもしれない。もしもそうだとすれば、この立場はやはり、境界を「無」として捉える先の立場に限りなく近いといえるだろう。

そして、集合としての境界という発想に見出されるこれらの特徴は、実は境界論のみにとどまらず、より根本的レベルに遡ることができる。というのも、そもそもそれらは、クラインらが依拠していた現代位相論のように、空間点の集合として空間的対象を捉えるという発想全般に共通する特徴でもあるからである。しかし考えてみれば、点という抽象的対象を基礎的存在者とする点集合によって物体のような具体的対象を捉えようとするということ自体、きわめて不自然である。それは、結局のところ、具体的対象については何も語らない理論であるか、さもなくば、具体的対象についての反実在論（すなわち、具体的対象と言われているものは実は抽象的対象なのだと主張する理論）になりかねないのではなかろうか。

例えばスミスは、具体的対象としての「空間的個体（spatial individuals）」「具体的連続体（concrete continua）」を集合論によって説明することの問題点として、次の四つを挙げている[21]：

(1) 後者［＝具体的連続体］は質的な構造である。これは単に（通常は）それらが（色、温度、硬さなどの）諸性質によって満たされているという意味においてだけではなく、さらに、例えば可算と非可算、稠密と連続といった標準的な数学的対照は、ここではいかなる価値も持たないという意味においてである。カントールの連続体問題のようなものは具体的連続体においては生じない。そして実際、まさにそのような問題の存在こそが、ここで問われている問題［＝境界に関する問題］に対して集合論的アプローチが抱えているある種の弱さを示している。

(2) 連続体の集合論的構成は、非延長的な構成単位から何らかの形で延長的全体を構成することができるという、きわめて疑わしい仮説に基づいている。しかし、ゼロ次元の対象をどれだけ多くかき集めたとしても、それによってより高次元の全体が何らかの形で形成されるということは、理解しがたいように思われる。

(3) ある主題に対する集合論の適用は、きわめて一般的に言えば、連続的に高次のタイプになっていく諸集合を用いることによってより高いレベルに現れる諸構造のシミュレーションを行うことを可能にするような、原子的要素（Urelemente）から成るある基礎レベルを選り出すことを前提としている。これに対し、具体的連続体の領域においては、存在論的構成のそのような出発点として用い得るような、関連する原子的要素はまったく必要とされない。それでいて、具体的連続体がその内部において、境界部分も含めて、その諸部分を識別できるような形で組織されているということに関して、何ら問題はない。

(4) 集合論は、連続体を、ただ一種類の究極的部分（好みにしたがって、空集合、点、原子、実数など）のみから成るものとして捉える。これに対し具体的連続体は、異なる種類の諸部分から成っている。とりわけ、それらは、一方では、異なる次元数の諸境界から成っており、また他方では、それらの境界がその境界となっているような延長的物体あるいは領域から成っている。

さらに、具体的対象においては、例えば、人間の身体が各細胞からなる合成物であり、そして各細胞は種々の分子からなる合成物だとすれば、結果的に、人間の身体も種々の分子による合成物だと言える。すなわち、その合成関係においては推移性が成立する。これに対し、集合論では、例えば、各細胞に対応して、それを合成する種々の分子を要素とする各集合C_1、C_2、……C_nを作り、さらにそれらの集合を要素として、身体に対応する別の集合Bを作ったとしても、もはや、集合Bと各細胞の分子とは直接的には何の関係もない。集合Bは、あくまでも集合C_1、C_2、……C_nという各抽象的対象を要素とする集合でしかないからである。つまり、集合への要素の帰属関係においては、例えば集合として定義された順序数のような「推移的集合」と呼ばれる集合を除いては、原則的に推移性が成立しない。

以上のように、集合論的観点から抽象的対象として境界を捉えようとすることには種々の存在論的問題がつきまとっている。そこで次は、あくまでも具体的対象として境界を規定することを試みよう。

6　境界とは何ものか（3）――具体的対象としての境界

具体的対象として境界を捉えると言ったときに最もわかりやすいのは、境界を文字通りひとつの「物体」あるいは「物体的部分」として捉えるという方法である。実際、日常的に私たちが物体の表面について語る場合、例えば、表面のざらつきや滑らかさ、その硬さや柔らかさ、光沢や色合いなどを問題にする。これらの性質は、表面が物体的なものであるからこそ生じ得るものであり、明らかに私たちは、表面を物体的なものとしても捉えている。

また、自然科学の世界においても、物体表面をミクロレベルで捉えることにより、物体表面の物理的構造や物性、そこで起こる化学反応などについて研究する「表面科学（surface science）」「表面化学（surface chemistry）」と言われる分野が一九六〇年代頃に成立し、現在、ナノテクノロジーの隆盛とともにますます研究が盛んになっている。表面化学的に捉えれば、表面とは、物体の最も表側に存在する原子層（理想的には一枚だけの単原子層）ということになる。そこでは、様々な不規則性による一種のでこぼこが存在し、電子・原子・分子の吸着・放出・移動が頻繁に起こっている。

これらの描像のもとでは、「触れ合う」という状況は、触れ合っている境界だけの部分に視野を限定したとしても、やはり文字どおり、物体と物体との因果的相互作用の場として捉えられることになる。例えば、摩擦とは、触れ合う物体の表面を構成する微少な諸物体としての分子やその配列が形成する凸凹や硬軟によって生ずる物理現象であり、また、さらに表面科学的レベルで見れば、接触し合う両物体の間では、互いに電子・原子・分子などの交換がそこで行われているということになるだろう。つまり、いずれにせよ、微少な物体どうしがそこでぶつかり合ったり、交流し合ったりして、各表面上の諸物体が混交し合う一種のインターフェースの場として接触部分が表象されることになる。これは、一面では、「連続的でない二つの物体に共通する境界としてそのいずれの部分ともなっていない」のが接触面であるとする、レオナルド・ダ・ヴィンチの発想に似通うところがあるとも言えるかもしれない。

しかし一方、このようにして、摩擦や接触の状況を描くために、各物体の表面そのものを物体的部分として捉えた途端、ただちに、さらにその表面部分の境界、すなわち、肌理や凸凹の形状を形成する「表面（物体）の境界」、表面を形成している単原子層あるいは、それを構成する各原子や分子の境界というものが想定されることも事実だろう。もちろん、ミクロのレベルになればなるほど、そうした境界はより曖昧なものになっていくだろうが、曖昧さの問題と境界の存在論的身分の問題とはとりあえず区別しておくべきであろう[22]。つまり、表面そのものを物体や物体的部分として捉えるということは、結果的にそれを境界ではないものとして捉える、ということに他ならない。これを別の角度から言い換えれば、物体的部分として表面を捉えることは、結局のところ、記述のレベルを中間サイズからミクロレベルへと移すことでしかなく、その結果、その記述レベルでは新たな形で境界が登場せざるを得ない、ということである。

したがって、具体的対象として境界を捉えるということで求められていることは、必ずしも境界を物体として捉えるということではない[23]。むしろ、非物体的でありながら具体的といえるような対象として境界を捉える方が適切かもしれない。しかし、そのようなことが可能なのだろうか。不可能だ、とは直ちには言えないだろう。実際、本書の第2章では、穴という対象をそのような対象のひとつとして認定したのであった。そして穴との類似性を思い起こすことは、いま述べたような意味での具体的対象としての境界の本質的性格について考えるうえで重要である。というのも、各物体の表面そのものを物体的部分として捉えた途端、さらにその物体的部分の境界というものが想定されてしまう、という事実は、境界という対象の存在論的依存性を示唆するからである。ちょうど穴がそのホストなしには存在することができなかったように、境界も、それが限界づける対象が存在して初めて存在し得るという性格を持っているのではないだろうか。境界とは、常に何かを限界づけてこそ境界と言えるのであるという点において、常にその「何か」に存在論的に依存しているのである。

ただし、一方で、穴との存在論的相違に注目することも必要である。というのも、第2章での分析が正しければ、穴は、そのいずれの部分も、そのホストの部分ではないからである。これに対し、境界は、そのいずれの部分も、当該の境界によって限界づけられている対象の（少なくとも何らかの意味での）部分であると考えるのが自然だと思われる。そして全体は部分に依存するのだとすれば、実はその対象こそが境界に依存している、ということになってしまう。チザムは、そのことを考慮して、「部分（part）」よりも包括的な概念として「構成要素（constituent）」という概念を用意し、ある対象の構成要素ではあるが（狭い意味での）部分ではないものとして、境界を捉えた[24]。言い換えれば、境界を有する対象は、その対象全体が存在論的に依存している同次元の（真）部分と、その同次元の部分に依存している下次元の対象としての「境界」という異種の「構成要素」から成り立っていると考えたのである。つまり、境界は、例えば（線を分かつ）点は線に対して、表面は物体に対して、というように、より高次元の対象に対して依存しているという独特の依存性を持っており、その結果、間接的な意味では高次元の対象のある種の部分

（つまり「構成要素」）であるとはいえるが、少なくとも高次元の対象のなかのそれと同次元の部分のように前者が後者に依存するということはないので、本来の意味での「部分」とは言えないということである。

チザムによるこのような考え方は、十九世紀末ウィーンの哲学者ブレンターノ（F. Brentano）（「志向性」という概念を提示してフッサール（E. Husserl）の現象学を導いた哲学者としても有名）の境界論を範としたものであった。ツィマーマン（D. W. Zimmerman）は、「不可分な部分と延長的対象――トポロジーの前史からの哲学的エピソード（Indivisible Parts and Extended Objects: Some Philosophical Episodes from Topology's Prehistory）」と題する論文の中で、物理的境界、特に二次元的境界すなわち物体表面についての存在論的立場を「(強硬な) 不可分主義（(full-fledged) indivisibilism)」「穏健な不可分主義（moderate indivisibilism)」「反不可分主義（anti-indivisibilism)」という三つに区分し、ブレンターノの主張を第二の「穏健な不可分主義」の代表として挙げた[25]。

ツィマーマンによれば、穏健な不可分主義は、次の四つの主張を行う：

(1) 延長的対象は、不可分な部分を持っている。

(2) すべての延長的対象（立体の無限個の各真部分も含めて）は、その二次元的表面を構成する、点の厚みの「皮」によって取り囲まれている。

(3) 異なる延長的対象は、そのような二つの不可分な境界が一致する（coincide）とき、接触する。

(4) 物体の三次元的延長的部分は、不可分な部分のみによって成り立っているのではなく、「無原子的物塊（atomless gunk）」すなわちそのすべての部分が真部分を持つような実体をも含んでいる。

ここでの「不可分な部分」として想定されているのは、点・線・表面という、それぞれ一・二・三次元的対象の境界に対応する対象である。「(強硬な) 不可分主義」は、これらの各対象とそれらから構成される全体的対象のみを具体的対象として承認する（この点においては、この立場も境界を具体的対象として捉えていると言えるので、現在の集合論的立場と完全に同一視することはできない)。つまり、原子としての点などの具体的対象の集積として物体が構成されていると考えるのである。ツィマーマンは、ボルツァーノ（B. Bolzano）をその代表の一人として挙げている。穏健な不可分主義は、それらの不可分的対象の存在を承認しながらも、延長的対象が不可分な対象のみから構成されていることはあり得ないとするアリストテレスの結論を受け入れる点で、強硬な不可分主義と異なっている。すなわち、右の四つの主張のうち(4)において異なっているということである。これに対し、「延長的対象は、三次元以下の部分つまり点・線・表面などの部分を持つ」ということを一切認めないのが、「反不可分主義」であり、先に紹介した「延長的抽象」の方法を採用したホワイトヘッドがその代表者の一人であると考えられる。つまりこの立場は、右の主張の(1)(2)を否定し、あくまでも抽象的な対象として境界を規定したのであった。

ブレンターノは、ボルツァーノが行った「表面を持つ物体と持たない物体（すなわち、閉物体と開物体）が存在する」という主張と「接触は表面を持つ物体と持たない物体との間でのみ可能である」という主張（後者は現代位相論において標準的となっている接触の説明に対応する）を、いずれも「奇怪な教説（monstrous doctrine）」だとして退け、ボルツァーノが採用したような点集合に基づく連続的物体の概念が「接触の概念と相容れず、それによってまさに連続体の本質を形成しているところのものを廃棄してしまう」と批判した。そして接触とは、接触し合う二つの物体の各境界が「一致する」ことだと主張した。つまり、同一の場所に二つの境界が存在するのだと考えたのである。

カサティとヴァルツィは、彼らが空間的関係に関する標準的理論として採用したＧＥＭＴＣ（General Extensional Mereotopology with Closure Conditions）というメレオトポロジーの体系（付論第3節で解説されるメレオロジー体系ＧＥＭを拡張した体系）に基づいて、ブレンターノよりもボルツァーノに近い形で接触を説明した。彼らはまず、接触を「外的連結性（external connection）」として、次のように定義する[26]：

(D)　ｘとｙは外的に連結している。〈ECxy〉 $=_{df.}$ ｘとｙは連結しているが、重複はしていない。〈Cxy ∧ ¬Oxy〉

するとＧＥＭＴＣでは、連結および接触に関して次の定理$(T_1)(T_2)$が成立する。定理(T_1)に現れる「ｘ

の閉包（cx）」とは、xそれ自身とxの境界との和に相当する。したがって、xが閉物体である場合は、境界もxの部分であるので、結果的にxと同一対象となるが、xが開物体である場合は、xの境界はx自身の部分ではないので、xに対してさらに境界を付け加えた、別の対象となる（逆に開物体は、その内部と同一対象となる）[27]。

(T$_1$) xがyと連結しているのは、xがyと重複しているか、xがyの閉包と重複しているか、xの閉包がyと重複しているかの少なくともいずれかである場合である。〈Cxy ⇔(Oxy ∨ Ox(cy) ∨ O(cx)y)〉

(T$_2$) xがyと接触しているならば、xはyと連結しているが、xの内部とyの内部は連結していない。〈ECxy ⇒(Cxy ∧ ¬C(ix)(iy))〉

これらの定理により、外的連結としての接触とは、二つの対象が、それら自身は重複することなく一方の閉包が他方と重複する場合、あるいは、その内部どうしは連結することなくそれら自身は連結している場合、だと言える。この結果、ボルツァーノが考えたように、閉物体どうしや開物体どうしの接触は不可能であり、接触は、閉物体と開物体との間でのみ可能だということになる。というのも、内部どうしが連結しない形での連結とは、結局のところ、境界（の一部）のみを共有することによる連結を意味する。しかし、そのような連結関係にある二つの閉物体はいずれも、その共有する境界をも自らの部分として含むため、両者がその部分において重複せざるを

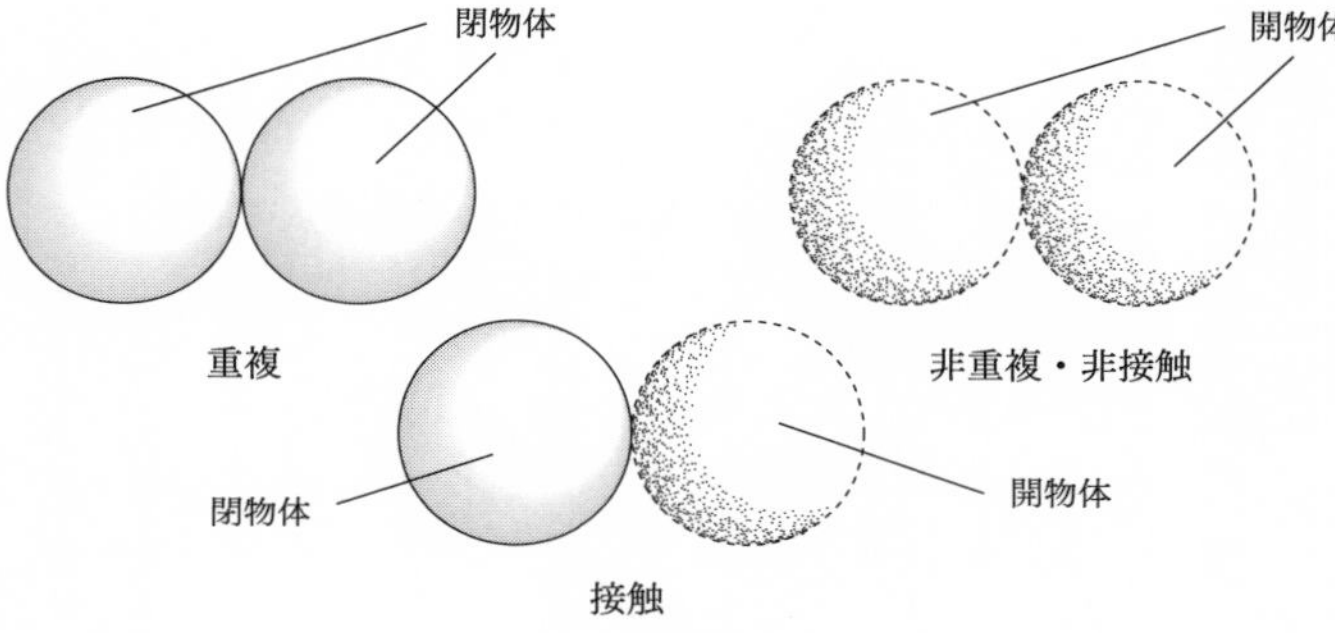

図10

得ない。逆に、境界しか共有しない二つの開物体は、いずれもその共有する境界を部分としては含まないために、一方の閉包と他方が重複することはあり得ないからである。

このようなボルツァーノ的境界論は、点集合によって形成されるものとして連続体を捉えたときには自然な規定であり、実際、集合論に基づく現代の標準的位相論でも連結性に関する同様の定理が成立する。しかし、本章第4節でも述べたとおり（一三五〜一三七頁）、その規定を日常的対象における連続性や接触の説明に用いようとすると、いくつかの不自然な帰結が生ずる。もう一度整理しつつ列挙すると次のような問題点である：

(1) 「開集合」に対応する「開物体」という概念の不自然さ。

(2) 物体の内部境界における非対称性の問題。例えば、ブロックの右半分と左半分の境界について考えたとき、右半分が閉物体で左半分が開物体であるか、逆に左半分が閉物体で右半分が開物体であるかのいずれかであることになるが、それをどのようにして決定すればよいのか。

(3) いまの(2)とも関連するが、物体を分割したときに生ずる境界についての問題。ブロックを二つに分割したとき、分割面において二つの境界が生ずることになるが、もともとは一つしかなかったはずである。するともう一つは無から生じたと考えなければならないのか。また、分割の前後を通して存続した一つの境界は、右半分と左半分のいずれの境界と考えるべきなのか。

(4) 開物体と閉物体は接触できるが、閉物体どうし、開物体どうしは接触できない。すると、例えば閉物体は、近づいてくる物体が開物体であれば衝突し、閉物体であれば衝突を回避する、という奇妙な現象が生ずることになる。そして、通常の物体が閉物体であるとすれば、物体どうしは接触や衝突が不可能だという、クラインとメイトソンの議論の帰結を認めなければならなくなる。

カサティとヴァルツィは、これらの問題点を認めつつも、それらは決して克服不可能ではないと主張する。まず、(1)の問題に対しては、「開物体」の例として、第2章で採り上げたような「穴」のような対象が挙げられるということがある。しかし、穴という実例だけでは、(4)のような物体間の衝突の問題は解決できない。そこで彼らは、衝突の捉え方に関しては次の二つの可能な選択肢を提示する[28]：

(a) 物体どうしは、厳密な意味では、やはり衝突できないと考える。つまり選択肢(4)を受け入れる。実際、本章第3節（一二七頁）でも見たとおり、現代物理学では、ミクロレベルでは物体は接触しておらず、何らかの斥力によって反発し合うとされる。

(b) 閉物体どうしは、衝突の瞬間だけ、何らかの意味で「接触している」と言えるようなものに変化すると考える。これはいかにも間に合わせ的で不自然な考え方だと思われるかもしれないが、それはちょうど、「分裂」という現象において、例えば一粒の油滴が二粒へと分裂する瞬間に、突然二つの分離した境界が出現するという、一種の位相的カタストロフが起きることに類似した現象だとも言える。すなわち、接触、衝突、分裂、分割などの現象が一種の位相的な飛躍を含むのは、ある意味では当然だと考えられる。

はたしてこれらの選択肢は受け入れられるものだろうか。またその場合、いずれを承認すべきだろうか。カサティらは必ずしも断定していないが、どちらかと言えば(a)を選択する意向を示しているように見える。[29] しかしこの選択肢は、すでに何度か示唆したように（第2章三五〜三六頁、第3章一二九〜一三一、一四五頁）、中間レベルにおける事象記述の中にこっそりとミクロレベルの記述を忍び込ませることによる問題回避でしかないと思われる。また、現実世界における物理的事実だけでは、衝突ということが「論理的にあり得ない」ことの根拠にはならない、という問題も残る。(b)については、「何らかの意味」としておそらく、(ア) 閉物体と開物体の接触、(イ) 二つの物体の一体化、という二つの場合が考えられる。

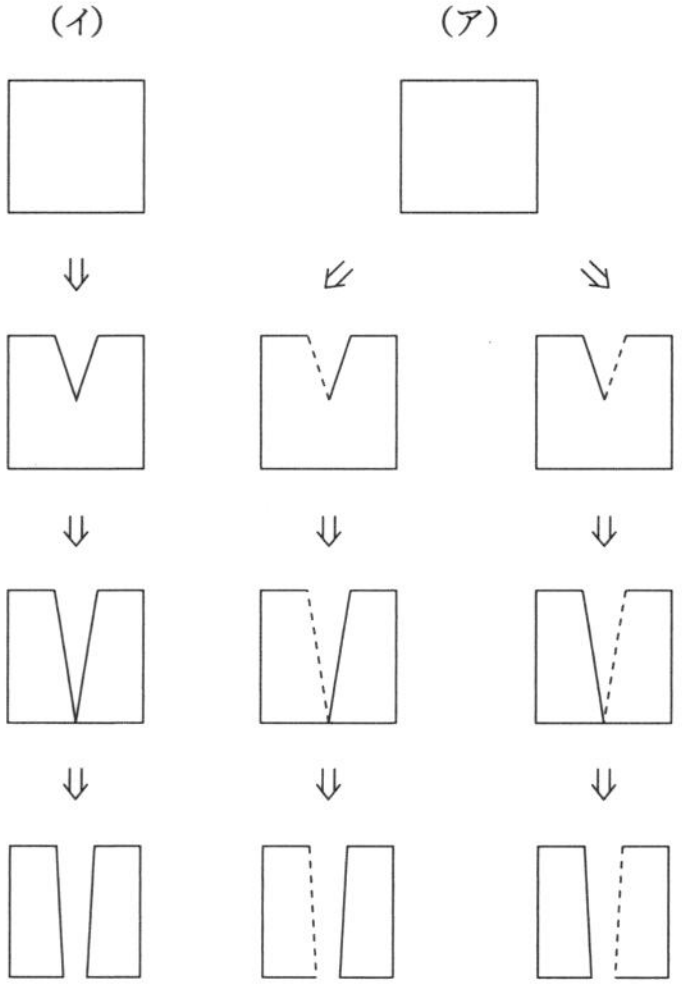

図11　分裂の位相モデル[30]

これらふたつのうちでは、当然(ア)の方がより受け入れやすいと思われるが、この場合、二つの閉物体のうちのいずれが開物体となるのかをどのように決定するのか、という問題が残る。つまり、右で挙げた四つの問題のうちの(2)(3)で示した境界の非対称性の問題がここでも類似した形で現れるということである。果たして、その問題は解決できるのだろうか。

(2)と(3)のうち、いま述べた(b)の問題点に直接対応するのは、(3)の問題点である。というのも、「衝突において、もともと二つあった境界がどのようにして一つになるのか。そしてその場合、二つのうちどちらが消滅してしまうのか」という問題は、「分裂において、もともと一つしかなかった境界がどのようにして二つになるのか。そしてその場合、二つのうちどちらが新たに発生したものなのか」という問題と、ちょうど双対的な関係にあると考えられるからである。

しかし彼らは、このような疑問は分裂（および衝突）に関する誤ったイメージに基づいており、その誤ったイメージを是正すれば問題は解消する、と主張する。彼らによれば、分裂とは、図11の(ア)のように、物体中に隠れていた「内部境界」を「表に出す」現象と考えるべきではない。それはむしろ図11の(イ)のように、物体の「外皮境界」が徐々に変形されて、最後の瞬間に突然二つの境界へと分裂すると考えられるべきである。そしてこのように考えれば、そもそも内部境界自体が分裂には関与していないのだから、内部境界における非対称性の問題も自ずと解消することになる。

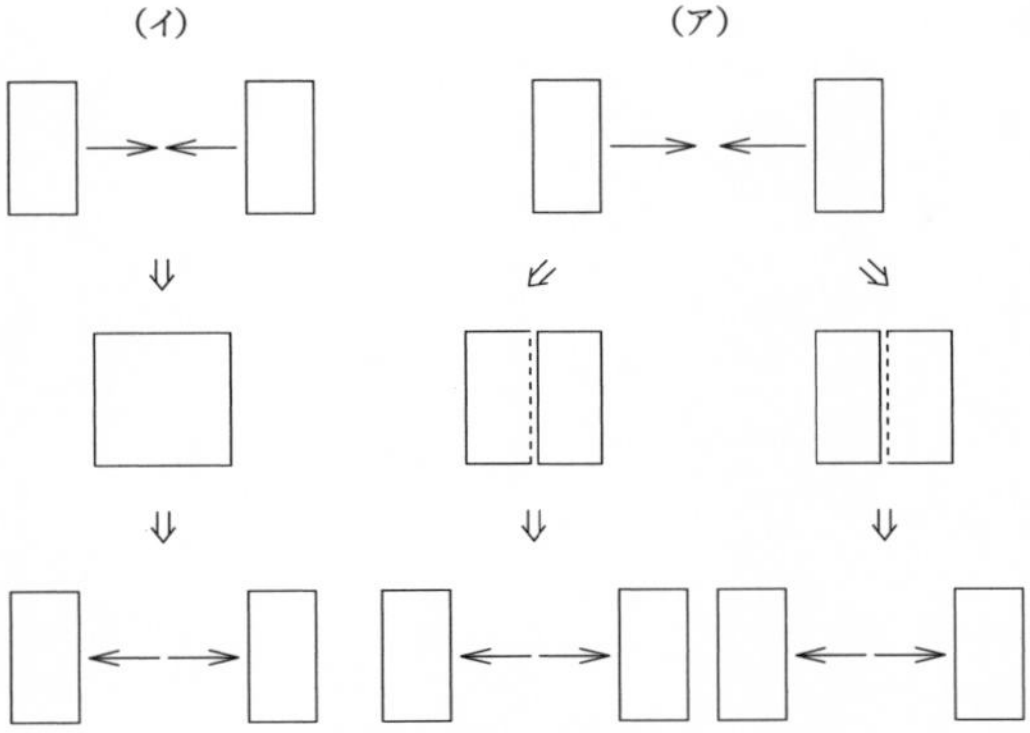

図12 衝突

この図11の(イ)と同じ図式を衝突に当てはめると帰結すると考えられるのが、先ほどの「(イ) 二つの物体の一体化」という選択肢である。すなわちその場合、図12の(イ)のように、それまで分離していた二つの「外皮境界」が徐々に近づいていき、衝突の瞬間、二つの物体が一体化することによって一瞬消滅した後に、反発とともにまた二つの外皮境界になる、と考えればよいことになる。その結果、衝突を図12の(ア)において示されているような図式のものとして捉えたためにどちらの境界が消滅するのかが問題になる、ということもないわけである。

もちろん、一つの対象が突然二つになったり、二つの境界が突然消滅したりする、という位相的カタストロフがこの世に存在する、ということ自体がひとつの「神秘」であるとは言えるかもしれない。しかしそれは、先ほど述べたように、油滴が分裂する際や棒状の物体の両端を接続させてドーナツ状にする場合など、日常的に起きる一般的事象であり、仮にそれがある種の神秘であるとしても、少なくとも「境界」固有の問題として捉えられるべきではない、というのが彼らの見解である。[31]

しかしこの見解に従うと、繰り返しになるが、接触し合う二つの物体は、接触している間、接触面においては両者を区切る個々の外皮境界が消失し、文字どおり一つの物体になっているということになる。これはいかにも極端な考え方ではないだろうか。ただ、よくよく考えてみると、現代物理学に従った(a)の見方においても、たしかにミクロ的な見方をすれば厳密な意味での接触は行われていないかもしれないが、同時に、表面科学が示すとおり、接触し合う二物体の接触面の最表層の原子なり分子なりが互いに行き交っていることになる。だとすれば、少なくともその意味においては、まさしく両者が「一体化している」と言えなくもないだろう。そう考えると、この(b)の(イ)の見方も、中間サイズレベルにおいてそのような接触のあり方を捉えているのかもしれない。私たちは、本当に「触れ合うことによって一つになれる」のかもしれないのである。

とは言え、二つの物体が単に接触しているだけの状態と一つの物体の中での連続的状態とが同一の状態であると考えることには、やはり大きな抵抗があるだろう。また、仮に(b)の見解を採用し得るとしても、依然として(2)の問題、すなわち、一つの物体内の内部境界における非対称性の問題は残っている。これについてはどのように考えるべきだろうか。

内部境界の非対称性の問題に対してカサティらが採用した解決法は、もともとスミスが提案していた「真正(bona fide)境界」と「規約(fiat)境界」という二種類の境界の区別を導入することであった。「真正境界」とは、通常の物体の外皮境界や、空間的不連続性、物理的異質性などによって区切られているような内部境界を表す。これに対し「規約境界」とは、地理的境界などのように、人間による規約によって成立している制度的な外皮境界や、例えば均質的な球の上半球と下半球のように、物理的不連続性をまったく持たない内部境界がその典型例である。そして彼らは、規約境界については、その非対称性の問題に対して二とおりの解決方法があると主張する[32]。

一つは、たとえば地球の北半球と南半球を区切る境界としての赤道が南北いずれの半球に属するのかは、まさに赤道が規約境界であるがゆえに、確定しない、言い換えれば、どちらともいえる、と考えることである。実際私たちはそのようにしているし、そうした不確定性は実用的、意味論的レベルにおけるものなので、存在論的には無害だと言える。もう一つの方法は、真正境界は非対称性を持つボルツァーノ的境界であるのに対し、規約境界は、同一の場所に二つの境界が存在するブレンターノ的境界であると考えることである。この考え方によれば、北半球に属する境界と南半球に属する境界との二つの境界が、重なり合って赤道の位置に存在することになる。これによって非対称性の問題は解消する。そしてこの二つの解決法のいずれが適切であるかは、文脈に依存し得る。例えば赤道のような場合は純粋に概念的な問題であるので第一の解決法の方が適切かもしれないが、国境や県境のような制度的境界のような場合には、第二の解決法の方が適切かもしれない。また、同じ制度的境界でも、冷戦時代の東独と西独の境界は、東独の側にのみあったと考えられるかもしれない。

しかし、これらの解決方法が有効なのは、あくまでも規約境界に対してのみであって、真正境界としての外皮境界および内部境界にはまったく適用できない。真正境界である限り、そこには非対称性が依然として存在することになる。しかし、例えば、日の丸国旗の中の内部境界としての、赤玉と白地の間の境界や、オセロ盤の各升目の外皮境界としての白升と黒升の間の境界などは、果たしていずれに属するのだろうか。

カサティらは、このような問題は確かに真のディレンマであることを認める。しかしそのうえで、その問題は結局のところ、一般的境界論によってではなく当該の境界が現れる個別的理論によって解答を与えられるべきだと主張する。[33] 実際、例えば穴の理論においては、穴の存在論的性格に鑑みて、穴とそのホストとの境界を、ホストの側に帰属させたのであった。また、できごとの時間的境界についても、例えばできごとに関するアスペクトの理論などによって決定することができるかもしれない。これと同様に、赤白の境界、白黒の境界も、「色」に関する何らかの理論によって解決されるべきであろう。例えば、対象と地の関係に関する理論によって、日の丸における赤白の境界は赤玉に属するものと確定できるかもしれない。

しかし、例えば三原色どうしの境界などは、確定のしようがあるだろうか。ありとあらゆる色の組み合わせに対して、その真正境界を単なる規約によってではなく実在に裏打ちされた何らかの法則性に基づいていずれかに帰属させられるような色の理論というものが果たして可能だろうか。とてもそのような理論が構成できるとは思われない。たしかに色の境界に関する問題は色の理論に委ねられるべきであるかもしれない。しかしいまの場合の問題は、色の境界の理論が、その基礎となる境界の一般理論によって制約を受けてしまうところにある。そこでは、明らかに対称性を認めなければならないような色の真正境界に対しても、ボルツァーノ的境界論は、そこに非対称性を見出すことを強要しているのである。もしも個別的境界論において、その真正境界に関する対称性、非対称性の両方、あるいは対称性のみが生ずると考えることが自然であるような場合があるのだとすれば、一般的境界論は、それを許容するようなものが望ましいであろう。

7 四種類の「触れ合い」

以上の考察を踏まえ、私は次のように考えたい。カサティとヴァルツィおよびスミスは、真正境界と規約境界という区別と、ボルツァーノ的境界とブレンターノ的境界という区別とを連動させて捉えていた。しかしむしろ、両者は独立の区別と見なすべきではないだろうか。彼らによれば、真正境界はボルツァーノ的境界であり、規約境界においてのみ、それをブレンターノ的境界として捉える余地があった。しかし、ボルツァーノ的・ブレンターノ的という区別は、非対称性・対称性という区別を中心とする抽象的・構造的対比であるという点において、そもそも真正的・規約的という具体的・内容的対比とは異質のものなのではないだろうか。

また、真正的・規約的という区別は、当該の対象がどのような由来によって（広い意味での）「実在性（reality）」もしくは「客観性（objectivity）」を帯びているのかに関する区別であると考えられる。すなわち、それが物理的、自然的な要因によってもたらされているのか、それとも社会

	現実的（顕在的）	可能的（潜在的）
非対称的 （ボルツァーノ的）	非対称的現実的境界 例：物体とその補空間との境界	非対称的可能的境界 例：物体のある（真）部分とそれ以外の部分との境界
対称的 （ブレンターノ的）	対称的現実的境界 例：接触し合う物体間の境界	対称的可能的境界 例:物体の接触し合うある（真）部分間の境界

表　四種類の境界

的、制度的な要因によってもたらされているのかという相違である。そしてその区別には色々な解釈や程度の余地があり、また、(例えば、地理的不連続性に基づいて定められた国境のように）必ずしも両者は排他的ではないようにも思われる。

私はこれに対し、むしろ境界に関して重要な区別は、現実的（顕在的 actual）・可能的（潜在的 potential）という様相論的な区別ではないかと考える。したがって例えば、国境のような「規約的」境界であっても、それは制度的に定められたところの「現実的」な境界であり、また逆に、心臓とその周辺部分の身体的境界は、少なくとも生理学的な機能に裏打ちされた自然的境界であるという点で「真正的」であるが、少なくともそこに顕在的な不連続性は存在しないという点で、「可能的」な境界であることになる。以下では、この対比に基づいて論ずることとする。

もしも以上のような二種類の基準を採用すると、境界には、表のような四種類が存在することになる。

そしてこのように分類してみると、結局のところ、非対称的境界と対称的境界との相違は、そこで問題とされている物体が一つであるか二つであるかという相違に他ならないことがわかる。(34) 例えば、ある物体とその補空間との境界、または、その物体をホストとする穴との境界を問題とする場合は、厳密な意味での実体はその物体だけであるので、境界はその物体に属する一つが存在するのみである。これに対し、衝突し合う二つの物体の接触面における境界は、一方の物体に属する境界と他方に属する境界との二つが存在し、それらが同じ位置に重なり合って存在する(一致する)ことになる。さらに、これらが現実的境界であるのに対し、それぞれに対応する形での可能的境界が存在する。例えば、一つの物体の右半分を一つの可能的物体と考えたときは、右半分が「(可能的)閉物体」であり、境界はこちらに属する一つのみが存在する。そしてその物体からその一つの可能的物体を除去した部分は、右半分との接触面においては境界をその部分として含まない「(可能的)開物体」であることになる。これに対し、一つの物体をその右半分と左半分という二つの可能的実体の和として考えた場合は、両者の接触面において、右半分に属する境界と左半分に属する境界が重なり合って存在することになる。本章第1節でのティブルスを用いて言えば、そこでは「ティブ」を「ティブルスの尻尾以外の部分」として定義したので、ティブは前者に対応する(可能的)開物体であるのに対し、もしもティブルスをその(頭部も含む意味での)胴体と尻尾との和として考えたうえでその胴体部分を「ティブ」と呼ぶのだとしたら、それは後者に対応する(可能的)閉物体であることになるだろう。

また、このように分類すると、実はボルツァーノ的境界とブレンターノ的境界とは、何ら対立する境界ではなく、一見対立するかのように見える状況は、境界そのものによってもたらされるのではなく、その境界が存在する状況、すなわち、物体あるいはその部分が接触し合う状況に関する「対立」というよりはむしろ、「対照」によってもたらされるものだと考えることができる。右の分類において一貫しているのは、物体を限界づけているその物体の構成要素として、境界を捉えるという点である。右の四種類の相違がもたらされるのは、そこで関与している物体が一つであるか二つであるか、および、当該の物体が現実的であるか可能的であるか、という状況的相違によってであって、存在論的性格の異なる四種類の境界が存在するわけではない。もちろん、境界が物体の広い意味での部分すなわち一種の構成要素である以上、当該の物体が現実的であるか可能的であるかによって、境界にも現実的・可能的の区別が生ずる。しかし、その区別はあくまでも当該の境界が帰属する物体に由来するのであって、何かを境界づけるというあり方そのものにおいての区別ではないのである。さらに、第2章で穴の境界を性格づけたときに用いた「外的境界」と「内的境界」という区別についても、いまの分類法のもとで改めて捉え直してみると、やはり同様のことが言える。「穴の境界は外的であるのに対し、そのホストの境界は内的である」というのは、厳密にはむしろ、「穴自身は境界を持たず、そのホストのみが境界を持つ」というべきであろう。境界とは、厳密な意味では、現実的・可能的な物体のみに属する内的境界のみであって、「穴の外的境界」とは、「穴とそのホストとの接触面におけるホストの（内的）境界」の省略形にすぎないと考えるべきであろう。[35] そして、境界がすべて内的であるとすれば、そのホストへの依存性は、穴の場合のような類的依存性ではなく、個別的依存性だということになるであろう。

さて、では以上のような意味で境界の置かれる状況としての接触状況を分類すれば、カサティらが採用した非対称的境界にまつわる四つの問題点は、解決もしくは解消されるだろうか。改めて考えてみよう。四つの問題点とは、以下のとおりであった：

(1)「開集合」に対応する「開物体」という概念の不自然さ。
(2) 物体の内部境界における非対称性の問題。
(3) 物体を分割したときに生ずる境界についての問題。
(4) 開物体と閉物体は接触できるが、閉物体どうし、開物体どうしは接触できないという問題。

(1)について。右の分類法のもとでも、物体の補空間の一部としての穴のような対象や物体からその可能的部分を除去した際の残余などが、少なくともそれ自身には属さないような境界としての「外的境界」によって区切られる部分を持つ対象であることになる。これらのうち、穴については、いま述べたとおり、そもそも物体と言えるようなものではないので、まさしくそうした非物体性、すなわち、通常の物体との存在論的相違をもたらす特徴のひとつとして、ホストとの境界が外的であること、すなわち、そこには厳密な意味での境界が穴に帰属していないことを、積極的に捉えることができるだろう。「開物体」という「物体もどき」であることこそがまさしく穴の本質的特徴だと言えなくもないのである。これに対し、物体から可能的部分を除去した際の残余としての「開物体」は明らかに物体であるので、穴と同様の形での正当化はできない。した

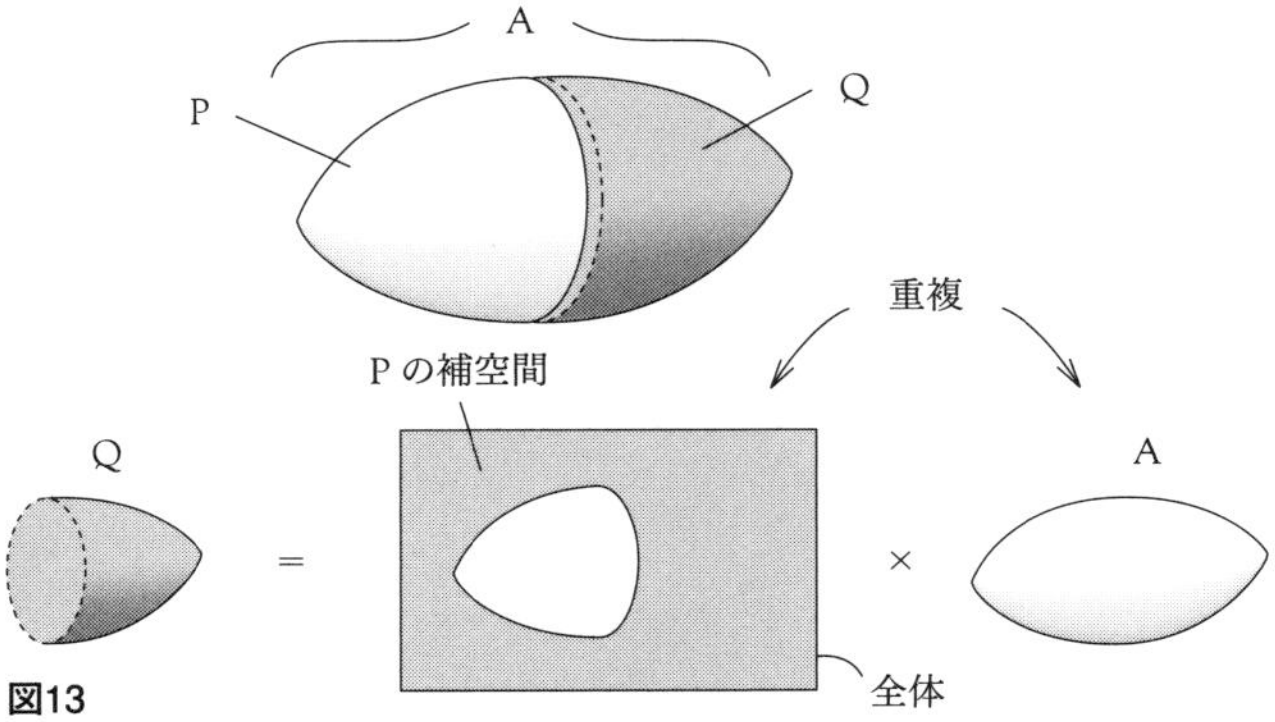

図13

がって、正真正銘の「開物体」というものを認めざるを得ないという点で、右の分類は、この(1)の問題点を克服できていないように一見思われる。しかし、残余としての開物体も、やはり穴に類似したある種の特殊性を持った物体として捉えることができるかもしれない。というのも、ある物体Aからそのある部分Pを取り除いたと想定した場合に残る可能的部分としての開物体Qとは、取り除かれる可能的部分Pの補空間と物体Aとの重複部分であると考えられるからである。

このように考えると、開物体Qは、「可能的部分Pの補空間（と物体Aとの重複部分）」というP（およびA）への依存性を含んで成立するような物体であるという点で、ちょうど穴と同様の存在論的性格を抱えていることになる。また、定義上、Pに外的に連結した形でしか存在し得ないという点でも穴との類似性が成立する。だとすれば、通常の物体が持っているような独立性を欠いているという意味での「物体もどき」として、開物体Qの特殊性を承認することができるだろう。そしてこのような考え方は、本章第

1節で示したティブルスのパラドクスの解決法のうちの選択肢(3)（一一二頁）を後押しする根拠ともなり得ると思われる。先ほども述べたとおり、「ティブ」をこの場合の開物体Qの一例と考え得るからである。これに対し、「ティブ」を先ほど述べたようにティブルスの（頭部を含む）胴体としての閉物体として解釈した場合には、ティブルスが尻尾を失った時点t以降においてその胴体とティブルスが「一致」しているとしても、ティブルス自身とティブルスの胴体はあくまでも別の対象であると論ずる途が開ける。したがってこの場合は、パラドクスの解決法(1)の選択肢を採用することになるだろう。

(2)と(3)について。これら二つの問題点は、非対称的なボルツァーノ的境界固有の問題点であった。したがって、対称的なブレンターノ的境界を許容する右の分類法においては、これらの問題は直ちに解消する。すなわち、物体の右半分と左半分の（可能的）境界は、それぞれに属する二つの境界から成り立っていると考えられるので、両者間の境界がいずれに属するのかを強引に決定する必要はない。また、分割とは、もともと二つあった可能的境界をそれぞれ現実化させる現象だと考えられるので、一つの境界が二つになると考えなくてもよい。その結果、分裂するという現象を、外皮境界の変形としてあえて捉え直す必要もないことになる。

また、異なる色どうしの境界の問題についても、その接触部分においてそれぞれの色の境界が存在すると考えることが可能となる。例えば赤色面と緑色面の接触部分では、それぞれの面の境界がともに存在することになる。もちろんその場合、では果たしてその境界の色は何色なのか、という問題が生ずる。しかしそれこそは、まさに「色の理論」によって答えられるべき問題だと言えよう。例えば、極端ではあるが、「色は物質の性質である以上、非物質である境界はその性質を持ち得ない。したがって、境界の色を云々することは、ちょうど穴の回転を云々することに似た、微妙なカテゴリー・ミステイクである」などと考えることもできよう。すなわち、抽象的対象だから色を持てないのではなく、具体的対象でありながら非物質的であるという、より下位のレベルでのカテゴリー・ミステイクのゆえに色を持てないと考えるのである。また、この考え方に従うと、たとえ境界がボルツァーノ的境界だったとしても、すなわち、例えば赤色面には属するが緑色面には属さないような境界だったとしても、その境界は決して赤色なのではなく、今の場合と同様、そもそも色を問題にできないような対象だということになるだろう。[36]

(4)について。右の分類では、少なくとも原理的には、(現実的)物体どうしの接触にも、閉物体どうしの接触と閉物体と開物体の接触という二種類が存在することになる。したがって、開物体どうしの接触を除けば、この問題は解消される。そして、開物体どうしは、それらがともに開物体であるからこそ接触できないと考えることが自然な帰結だろう。開物体とは境界を持たない物体である以上、少なくとも一方に境界が存在しない限り、その接触を語ることはできない。つまり、図10の右の図(一五一頁)のような場合は、そこに(接触していない)二つの開物体があると考えるか、一つの開物体があると考えるかのどちらかしかなく、しかもその二つの場合を区別することはできないのである。境界とは、まさにその意味において、接触というものを可能ならしめることをその存在論的役割として持つのだと言えよう。

また、(現実的)開物体とは、仮にそのようなものが存在し得るとしても、物体の補空間の一部とか穴のような「ものもどき」であるので、少なくとも通常の意味での衝突という物理現象の担い手となるようなものではない。したがって当然、一三六頁で述べたような、衝突し合う物体が互いに相手の境界を識別する必要も生じない。衝突とは、閉物体どうしの物でしかあり得ないからである。(37) そして衝突の際の接触とは、衝突し合う二つの物体の衝突面における二つの境界が消失して両者が一体化する現象ではなく、それぞれの境界が保持されたまま同一位置で重なり合う、すなわち「一致する」現象であることになる。したがって、カサティらの理論に伴っていた、二つの物体の単なる接触状態と一つの物体内での連続的状態とが同等になってしまうという問題、および、接触状態にある間の境界の帰属の問題のいずれも生じないのである。

8 依存的構成要素としての境界

さて、もはやすっかり忘れ去られているかもしれないが、境界の存在論的身分を巡るここまでの迂遠な考察を促したのは、本章第3節で紹介した、クラインとメイトソンによる衝突の論理的不可能性の証明であった。その帰結を受け入れることはできず、かつ、その推論過程に過ちが認められない以上、その論証の前提のいずれかを否定しなければならないが、果たしてそれはどれだろうか、ということの検討から考察は始まったのである。ここで改めて彼らの証明を見直してみよう。それは次のような証明であった。

(1) 二つの物体間の衝突には、両者の接触が含まれている。
(2) もしも二つの物体が接触しているならば、それらは、隣り合ういくつかの空間点を占拠しているか、それらは空間的に重複しているかのいずれかである。
(3) 空間は連続的である。
(4) いかなる二つの物体も、隣り合う空間点を占拠することはできない。(空間は連続的なので、いかなる空間点も別の空間点と隣接していない。)
(5) 二つの物体が空間的に重複することは不可能である。
(6) それゆえ、いかなる二つの物体も接触しない。
(7) それゆえ、いかなる二つの物体も衝突しない。

この証明における(1)から(5)までの前提のうち、すでに(1)(3)(4)については、検討の末、それらを承認した。残るは(2)と(5)であるが、(4)を受け入れた以上、結局問題となるのは、二つの物体が接触するということは、それらが空間的に重複することであるかどうか、そしてそうだとした場合、果たしてそれは可能なことであろうか、ということである。これまでの考察によって、その問いに対してはどう答えられることになるのだろうか。

まず確認すべきは、右の考察では、(現実的)接触には、閉物体どうしの接触と閉物体と開物体の接触という、二種類の形があることを導いたということである。そして後者については、もともと空間的重複ということを考える必要はなかった。問題となるのは、前者についてのみである。そして実際、クラインらが考察の対象としている、衝突し合うことができるような物体とは、すべて閉物体であるということを先ほど確認したのであった。したがって考えるべきは、閉物体どうしが接触するということはそれらが空間的に重複するということであるか、そしてそうだとした場合、それは可能か、ということになる。

すると問題は、「空間的に重複する」ということの意味である。これまでの考察を踏まえると、これには次のような強弱二つの意味があると考えられる：

(a) 強い意味での空間的重複：同一の空間的対象（またはその部分）を共有すること。

(b) 弱い意味での空間的重複：同一の空間的位置を共有すること。

前者は、メレオロジーによって定義されるところの「重複（overlap）」に対応するのに対し、後者は、ブレンターノが示したような「一致」に対応している。そして、前者すなわち強い意味での空間的重複については、これまで見てきたいずれの立場においても、少なくとも物体どうしの接触に関しては、接触がそのような状態だと主張されることはなかった。相違が見られるのは、後者についてである。クラインらは明らかに、弱い意味においても物体の空間的重複は不可能であると主張している。カサティらは、それが理論的に不可能であるという主張まではしていないが、少なくとも閉物体としての物体どうしの接触は不可能であると考えており、日常的な意味で物体どうしが接触しているとされる場合には、このような弱い意味での空間的重複がそこで生じているとは考えない。彼らにとっての厳密な意味での接触は閉物体と開物体の間においてのみ許されるものなので、閉物体どうしは厳密な意味では接触しないと彼らは主張したのであった。これに対し、ブレンターノやチザムは、まさにこの弱い意味での空間的重複すなわち「一致」こそが、あらゆる接触において生じていることだと主張した。そして前節で提示した四分類においては、少なくとも（可能的・現実的いずれの場合も）閉物体どうしの接触については、彼らの見解を踏襲したのである。

このような相違をもたらした根因について考えてみよう。まず、クラインらをそれ以外の二つの立場と分かつのは、物体の特殊な部分すなわち依存的かつ非物質的な部分としての「境界」という特殊な存在者を承認するか否かについての見解である。クラインらは、物体というものをもっぱら物理的な部分のみから成る対象として捉えているので、境界としての点・線・面などの部分も、あくまでも物理的な対象だと考える。その結果、同一位置に異なる物理的対象が同時に存在することはあり得ないという理由で、弱い意味でも空間的重複は不可能だと主張したのである。これは物理主義的観点からはきわめて当然とも言える主張であるが、一方で、果たして点・線・面といったそれぞれ、大きさ・幅・厚みを持たないような対象を物理的対象としてよいのか、という疑問ももっともなものであろう。

クラインらに後者の疑問を軽視させる一つの要因だと思われるのは、物体および空間についての原子論的な把握である。物体は基本的に同種の原子的要素の集積であり、また、空間も点という原子的要素の集合によって形成されるものであると考えるならば、それらが物体や空間の境界部分に位置するものであったとしても、他の部分に位置する原子的要素や空間点と何ら存在論的に変わるところはないはずである。したがって、境界のみに対して特殊な存在論的身分を与えるという発想は、根本的なレベルで阻止されているのである。そして、この点に関しても、現代物理学的および現代集合論的観点からすれば、それが当然であるが、果たして中間サイズの日常的対象についての空間的性質についてそれを適用することが妥当かどうかということが問題とされるべきだろう。そして実際、この見方を適用する限り、物体どうしの接触というものが論理的に不可能であるという歓迎されざる帰結を受け入れなければならない、ということをクラインらは自ら証明したのであった。

いまのようなクラインらの立場に対し、それ以外の立場はいずれも、何らかの具体的対象の、具体的ではあるが非物質的かつ依存的な構成要素としての境界という、特殊な存在論的性質を持つ対象の存在を主張する。そのような一見怪しげな対象を承認することの報酬は、まさしく、それによって物体どうしの接触(カサティらの場合は閉物体と開物体との接触のみ)というものを可能にしてくれるということである。先ほども述べたとおり、境界とは、物体どうしの接触を可能ならしめるという重要な役割を担う対象なのである。そしてこの立場の根底には、やはりクラインらとは対照的に、物体および空間に対するメレオロジー的あるいはメレオトポロジー的把握があると思われる。何らかの全体というものを基礎的対象としてこそ、その全体的対象の中で特殊な位置を占める構成要素としての境界というものが存在論的な特殊性を帯びることを許容されるからである。

そしてこの立場の内部での、カサティらとそれ以外の立場との相違、すなわち、閉物体と開物体の接触のみを認めるか、閉物体どうしの接触も認めるかという相違は、おそらく、その全体的対象として、一元的な立場を採るか、より多元的な立場を採るかということにあるのではないだろうか。カサティらは、基本的に、少なくとも同種の存在者については、その種に属する個体が離散的に複数存在するとしても、どちらかと言えばそれらのメレオロジー的和を基本的存在者としたうえで各個体をその真部分として捉える傾向、あるいは少なくとも、その和を各個体と同等の資格を持つ存在者として認める傾向があるように思われるからである。その結果、世界内の当該の種の複数の個体間の境界が同一位置にありながら、強い意味では空間的に重複しておらず、ただ弱い意味のみで重複している、すなわち、一致している、ということはあり得ないということになる。境界たちがあくまでも（各個体の和としての）同一の対象の真部分である以上、同一位置にありながらその対象の異なる部分であるということは実質的な意味を持たないからである。また、この考え方の背後にはさらに、世界全体を一つの基礎的対象として捉えたうえでその中での部分全体関係や連結関係を捉えていこうとする、メレオ（トポ）ロジー的一元論の存在論があると思われる[38]。このような存在論のもとでは、各個体はあくまでも世界という同一対象が種々の境界によって分割された結果として生ずるものにすぎないことになる。したがって、接触という事態が、世界内でそれぞれ独立に存在する（閉）物体どうしによって積極的に産出される何かとしてではなく、むしろある時点における世界全体の切断状況の一部として捉えられる結果、接触とはあくまでもボルツァーノ的な内部境界によってもたらされるものとしてのみ捉えるべきであるという主張を招きやすいだろう。要するに、もともと二つの対象の二つの境界がたまたま一致しているものとして衝突面を捉えるか、衝突面は、世界における一つの切断面として、もともとどちらか一方の対象に帰属しているはずだと考えるか、の相違だということである。

　これに対し、ブレンターノ、チザム、そして本書の立場では、個々の空間的対象、特に中間サイズの対象をそれぞれ別々の全体的な基礎的対象とすることにより、同一位置にありながら異なる対象あるいはその部分であるということが許容されることになる。たとえ同種の物体の境界どうしであっても、それがどの個体的対象の部分であるかによって異なるため、同一の時点と位置において異なる対象として存在することが可能なのである。これは言い換えれば、同一位置にある点・線・面が、何に対する境界であるかという点で異なり得るという意味において、それらが一種の有向性を持つということでもある。こうして見ると、これらの立場は、カサティら以上に、境界という存在者の本来的な個別的依存性を強調していると考えてよいだろう。また、世界全体という基礎的存在者ではなく、その中での個々の様々な対象、すなわち、単に微視的な要素のみならず、中間サイズの対象も含めた多様な対象を基礎的な存在者として捉えているからこそ、接触の一つの形態として、境界の一致としての閉物体どうしの接触を認めているのだと考えられる。この意味において、この立場は、中間サイズの日常的存在者をも含めた個々の実体的対象を基礎的存在者のひとつとして認定する、伝統的な意味での実体主義的傾向を、カサティらよりも強く持っていると言えるだろう。

　一方、ブレンターノらと本書との相違は、カサティらと同様、物体と、穴のような「ものもどき」もしくは補空間との接触、すなわち、ボルツァーノ的な非対称性を持つ異なる種類の接触というものも認定しているところにある。これは、物体の依存的構成要素としての境界の性格付けそのものに関する相違というよりは、物体がその境界によって接触する対象として、穴や空間のような存在者をも含めているということに由来する相違である。その意味では、本書はブレンターノら以上に、何らかの広い意味で実体的対象と言い得るものの多様性を許容していると言えるかもしれない。

註

(1) 他にも、連続体に関連する数学の哲学としての問題や、過去と未来の境界としての現在に関する時間論的問題などもある。ここでは、特に物理的・空間的境界の問題のみを扱う。

(2) [Smith 2001]

(3) この問題は、伝統的に「Dion と Theon の問題」として伝えられてきた問題の現代的焼き直しである。

(4) なお、この場合の同一性とは、一種の過程的もしくは時空的(四次元的)対象としての「時点 t 以降のティブルス」と「時点 t 以降のティブ」という「時間的部分」どうしの同一性ではないことに注意されたい。時間的部分として捉えられた場合、例えば「時点 t 以前のティブルス」と「時点 t 以降のティブルス」との同一性は当然成立しないことになる。そうではなく、全体的な通時的同一性を保っている対象どうしの(数的)同一性がここでは問題となっている。この後で「時点 t 以降のティブルス」などの表現が用いられた場合は、あくまでも「時点 t 以降においてティブルスとして指示される実体的対象」という確定記述的表現の省略形であると考えていただきたい。

(5) [Casati and Varzi 1999]

(6)［Casati and Varzi 1999］p. 11. なお、この後の部分で山括弧〈 〉内に示されているのは、日常語の多義性によってもたらされる誤解の余地をできるだけ除去しておくため、念のために各定義を現代論理学における標準的表記によって表しておいたものにすぎないので、現代論理学に親しみのない人は無視しても構わない。

(7)［Casati and Varzi 1999］pp. 12–13. Figure 2.1, Figure 2.2.

(8)［Casati and Varzi 1999］p. 57.

(9)［Casati and Varzi 1999］p. 58.

(10)実はこの「接触」ということ自体が大問題の種なのだが、それについては次節で詳述する。

(11)［Casati and Varzi 1999］p. 60. この場合の「内部」とは、次のように定義される「内的部分（Internal Part)」の（唯一の）総和である：

xはyの内的部分である。〈IPxy〉$\equiv_{\mathrm{df.}}$ xは、それに連結している対象はすべてyと重複することになるような、yの部分である。〈$Pxy \land \forall z(Czx \Rightarrow Ozy)$〉

(12)［Kline and Matheson 1987］なお、この後の部分で現れる「占拠」の意味は、サイト説の「占拠」（五四頁）とは異なっている。

(13)［Zimmerman 1996］p. 167,［Mumford 1998］pp. 13–14.

(14)それについて紹介した、とてもわかりやすい入門書として、［竹内 2005］がある。

(15)ここで挙げられる第一の理由は、［Kline and Matheson 1987］および［Zimmerman 1996］を参考としている。

(16)［MacCurdy 1938］（次において引用されている：［Casati and Varzi 1994］p. 235.）

(17)ただし、この主張については後ほど再検討されることになる。

(18)[Zimmerman 1996]

(19)具体的定式化の方法はいくつか存在するが、基本的に、デデキント（R. Dedekind）、カントール（G. Cantor）らに由来する現代数学における点集合論的手法も、結果においては類似の立場を採用していると考えられる。

(20)もちろん、「人間」という普遍的概念に対応するものを「集合」として捉えること自体の問題点や、集合を具体的対象として解釈する唯名論的な方法の存在など、考慮すべき点が多々あるが、ここでは無視することとする。

(21)[Smith 1997] p. 4.

(22)ただし、曖昧さの問題とはすなわち境界というものをどう捉えるべきかという問題であるとも言えるので、事はそう簡単ではない。また、さらにミクロレベルに遡ると、素粒子などはそもそも実体的対象でさえないかもしれないという問題もあるが、それはここでは除外しておく。

(23)ただし、一方で、境界を物体的に捉えることを主に認知論的観点から肯定的に評価する考え方も存在する：[Gibson 1979] [Stroll 1988]

(24)[Chisholm 1989] pp. 83–89. なお、この場合の「構成」は、一一三頁の「構成する」とはまったく無関係である。

(25)[Zimmerman 1996] pp. 150–151.

(26)[Casati and Varzi 1999] p. 55.

(27)[Casati and Varzi 1999] p. 59.「内部」の定義については、註(11)参照。

(28)[Casati and Varzi 1999] pp. 88–89, 93–94.

(29)[Casati and Varzi 1999] p. 94.

(30)［Casati and Varzi 1999］p. 87, Figure 5.1. また、この図で示されたような場合以外にも、最初に物体の真ん中に穴が空いてそこから分裂していく、次のような場合が考えられる。

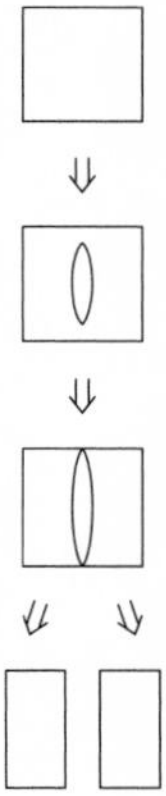

このような場合は、穴が空いた瞬間と物体が分裂した瞬間という二度において位相的カタストロフが生ずることになるだろう。

(31)［Casati and Varzi 1999］pp. 86–89.

(32)［Casati and Varzi 1999］p. 91. ただし、厳密には、三種類の穴のなかでもワイングラスの場合のような窪みの形状の本質は、位相的種類だけでは規定できない。

(33)［Casati and Varzi 1999］pp. 90–91.

(34)なお、本来はより一般化したレベルで論ずる必要があるが、さしあたり、ここで問題とされる境界とはあくまでも空間的な境界、特に物体表面としての二次元的境界に限られているものとして、議論を進めることにし、物体以外の実体的対象やできごとなどの境界も含めた一般化については、別の機会に譲りたい。

(35)なお、この場合の境界は、ホストと穴との境界すなわち現実的境界（カサティらの用語によるところの真正境界）である。窪みとトンネルにおけるそれ以外の境界（カサティらの用語によるところの規約境界）については、やはり「穴の理論」によって定めるしかないだろう。ひとつの考え方は、前章で示したように、窪みとトンネルは、その開口部に蓋をすることによって、充填可能性という機能を理想的な形で果たす穴の典型としての空洞になり得るような存在者であると見なすことにより、その開口部の境界を、可能的物体としての（可能的な）蓋の境界として規定することである。このように規定すれば、その境界はあくまでも可能的な蓋の（内的）境界であることになるので、厳密な意味では穴は境界を持たないという本章での主張を保持できる。同じ事を前章での用語を維持した形で言えば、窪みとトンネルは「現実的外的境界」と「可能的外的境界」から成る対象だということになる。

(36) すると、色を持たないようなものを知覚できるのか、というバークリー的な問題が生ずることになるが、色を持たないことはただちに知覚不可能であることを必ずしも帰結しない。境界は、まさに依存的対象であることによって、色を持つ他の対象に依存した形で知覚できる、と考え得る余地が少なくともあるからである。境界が具体的対象として規定されているということが、十分かどうかはともかく、その知覚可能性に対する最低限の保証を与えている。

(37) ただし、例えば水中の穴としての二つの泡が衝突する、というようなケースは考えられる。このような場合は、衝突の瞬間においては、やはり直前で述べられているような、一つとも二つとも言えないような開物体がそこにあるということになるだろう。

(38) この見方を支持する傍証として、カサティらが、世界全体を一種の時空的ブロックのようなものとして捉える四次元主義的存在論に対する好意的態度を示していることが挙げられる：[Casati and Varzi 1999] p. 205, n22. 穴に関しても、前章で指摘したように、カサティらが一面では一種の 'body' として穴に実体的性格を付与しながら、その素材を空間と見なすことにより、他方で実体的な移動可能性を奪ってしまっているように思われるのも、こうした態度のひとつの帰結かもしれない。

付論

形式存在論《フォーマル・オントロジー》の現代的展開

第1章で、「きわめて一般性の高い意味での『存在のモード』『存在の種類』としての『カテゴリー』にはどのようなものがあり、そしてそれらはどのように関連し合うのかということを考察する理論」としてカテゴリー論を規定したが、各カテゴリーが「どのように関連し合うのか」ということについて考察するためには、そもそもカテゴリーどうしが持ち得る関係としてはどのようなものがあるのか、そしてそのような関係についてはどのような法則性が成立するのか、といったことを考えなければならない。実際、第1章においても異なるカテゴリーどうしの関係を表す「実例化」「依存」などの用語をすでに用いている。また、異なるカテゴリーの対象どうしを媒介するような関係だけでなく、同一のカテゴリー内の対象どうしで成立する諸関係の中でも、複数の異なるカテゴリーにおいて共通に適用できるような関係もある。これらの「超カテゴリー的(trans-categorical)」関係を「形式的関係(formal relation)」と呼び、形式的関係に代表されるような一般性の高い諸関係や諸属性について考察する存在論の分野が、「形式存在論(フォーマル・オントロジー(Formal Ontology))」と呼ばれる分野である。

現時点での研究に対して「形式存在論」という名称が適用される場合として、おおよそ三種類が挙げられる（ただし、それらは必ずしも互いに排他的ではない）。一つ目は、フッサールにその名称の起源を求め、主として彼の定義によるところの形式存在論の枠組みに沿って考察している哲学者たちの研究を指す場合であり、サイモンズ（P. Simons）、スミス、カサティ、ヴァルツィらによる諸研究がその代表である。二つ目は、特にラッセルが示したような現代記号論理学を用いた存在論的研究を典型例とする、分析形而上学の一形態を指す場合であり、特にコキャレラ（N. Cocchiarella）が「形式存在論」という用語のもとで、現代論理学の種々の体系と伝統的な存在論的諸立場とを関連づける研究を精力的に行った。[1] そして最後は、近年、「オントロジー」と呼ばれる一種の情報コンテンツ基盤が、分散型知識ベースや次世代Webなどに代表される（特に大規模な）知的情報処理のために有効な手段として注目されているが、それを研究対象とする情報工学分野としての「オントロジー工学（Ontology Engineering）」に属するあるタイプの研究を指す場合である。[2]

これらのうち、第三の工学的フォーマル・オントロジーは、多かれ少なかれ、両哲学的形式存在論の応用という性格を持っているが、両哲学的形式存在論は、それぞれ（完全にとは言えないまでも）独立に発生・展開し、たまたま同一の名称が適用されたにすぎないという偶然的側面がある。[3] しかし一方で、何らかの意味での‘form’が存在論において占める本来的重要性によって、両者は独立ながらも共通の問題設定や主張を行っているように見える部分もある。この後の二つの節では、まずそれぞれの形式存在論の定義に即しながら手短に両者の基本的特徴を押さえたうえで、工学的フォーマル・オントロジーの中でも特に哲学的形式存在論の応用という性格が強く見出される三つの事例を概観する。

1　哲学的フォーマル・オントロジー

1　フッサール型形式存在論

フッサールは、「質料存在論（material ontology）」と対比して、存在者全般に適用できる形式的な関係や性質の探究としての「形式存在論」（その意味ではむしろ「形相存在論」と訳した方がよい側面も持っている）を構想し、代表的な形式的関係である部分－全体関係や存在論的依存関係を研究する「メレオロジー（Mereology）」を提示した。そしてその原型は、ブレンターノを経由してアリストテレスにまで辿ることができる。しかしフッサールは、『論理学研究（*Logische Untersuchungen*）』の第三研究においてその基本的着想を示したが、それを本格的に展開することはなかった。そしてその後は、レシニェフスキ（S. Lesniewski）やグッドマン（N. Goodman）などの、どちらかと言えば「分析哲学（Analytic Philosophy）」と呼ばれるタイプの現代哲学の系統に属する研究者たちによって、メレオロジーの形式化が推し進められた。

スミスとサイモンズはそれぞれ、「形式存在論」を次のように定義している：

形式存在論は、事物の相互関係について、対象と属性、全体と部分、関係と集まりについて取り扱う。…（中略）…形式存在論は、次のような意味で形式的である対象の諸属性を取り

扱う：それらの諸属性は、原則として、実在のすべての質料的領域によって例示され得る。(4)

ここで問題としている存在論はさらに、図式的（schematic）、あるいはフッサールが呼んだように、形式的（formal）である。…（中略）…我々は、事物一般の表象に不可欠であるような概念を選別することを試みる。(5)

これらの定義から、フッサール型形式存在論の特徴として次の三点が挙げられる：(a) 主として、質料（matter）と形相（form）というアリストテレス的、存在論的対比を中心とした意味での「フォーマル・オントロジー」である。(b) 'formal'は、すべての質料、領域に対して中立的・普遍的に適用可能であるという意味を含んでいる。(c) 存在論的依存関係、部分－全体関係などの普遍的・基礎的関係の探究を形式存在論の主たる課題とする。

2 ラッセル型形式存在論

ラッセルは、現代論理学を哲学的考察の場に導入するにあたって最大の貢献を果たした一人であるが、論理学と哲学の関係について次のように述べている：

論理学は、二つの部分からなるといってよい。その第一は、命題とは何か、命題はどんな形式を持ちうるか、ということを調べる。つまり、論理学のこの部分は、色々な種類の原子命題、分子命題、一般命題、あるいはその他の命題を数え上げるのである。第二の部分は、ある種の形式を備えた命題がいずれも真であるということを主張しているいくつかの極度に一般的な命題からなっている。論理学のこの部分は、純粋数学に溶け込んでしまうのである。…（中略）…第一の部分は、単に命題の形式を枚挙するにすぎないが、そのためにいっそう困難であり、哲学の立場からはいっそう大切である。そして他のあらゆるものにまして、論理学のこの部分において最近なしとげられた発達のおかげで、多くの哲学上の問題をほんとうに科学的に論議することができるようになったのである。(6)

ここでの「論理学のこの部分において最近なしとげられた発達」とは、伝統論理では「…は～である」という主－述形式の断定文のみに限定されていた命題形式を、現代論理学では、多項関係文（「…は～の兄である」「…は～と―の間にある」など）、条件文（「もしもPならばQ」）、選言文（「PまたはQ」）、連言文（「PかつQ」）なども含み得る形で多様化されたことを主に指している。

コキャレラは、ラッセルと類似の論理学観を持っていたゲーデル（K. Gödel）を引用しつつ、「形式存在論としての数理論理学」という表題を付したセクションにおいて「形式存在論」という用語を次のように導入している：

すべての他の科学に先立つ科学として、ゲーデルによる数理論理学の記述はアリストテレスによる形而上学の記述に匹敵するものである。…（中略）…形而上学、そしてその第二の相貌のもとでの数理論理学……あるいはその代わりに形式存在論と呼びうるもの……は、最も一般的な諸法則のもとで、すべての「存在のカテゴリー（Categories of being）」あるいは「モード（Modes）」の体系的組織化に関する種々の形式化の探究と展開に関わる。その構文論的役割が哲学的に整合的な何らかの形でその「存在のモード」を反映することを意図されている束縛可能な変項のタイプは通常、そしてひょっとすると最も適切にも、存在論的コミットメントが入り込む場所であるがゆえに、そのタイプによって、各「存在のモード」が個々の形式存在論において表現されることになる。(7)

また、ソマーズも次のように述べている：

もしも存在が共範疇的（Syncategorematic）であるならば、すべての一般命題は……そしてあるいは単称命題も同様に……存在主張の肯定または否定を行っていることになる。この考え方によれば、現代述語論理学はひとつの形式存在論の体系となる。(8)

これらから窺えるラッセル型形式存在論の特徴は次のようなものである：(a) 'formal' という言葉は、ほぼ 'logical' と同義のものとして用いられている。(b) 右でコキャレラが引用したゲーデルの第二の意味での数理論理学は、各命題の論理形式によって種々の存在論的カテゴリーを明示するという形而上学的役割を担っている。(c) 各論理体系における量化の範囲が示す存在論的コミットメントによって、その存在論的立場が表されることになる。

このように、「フォーマル」という用語をどちらかと言えば存在論的に用い、基礎的な存在論的関係としての「形式」的関係の探究を主に行うのがフッサール型形式存在論であるのに対し、その用語をどちらかと言えば論理学的に用い、論理「形式」の探究を主に行うのがラッセル型形式存在論であるという形で両者をとりあえず特徴づけることができる。ただ、このような対比は、「存在論」と「論理学」が峻別できるという前提のもとで初めて真の「対比」となるのであるが、すでに「形而上学としての数理論理学」というゲーデル（およびラッセル）の見方を借りて示唆しておいたように、実はむしろそのような峻別を拒否する態度が哲学的形式存在論の背後にあると考えられる。

実際、そもそもラッセル、フレーゲらによる「論理主義」は、分析的真理としての論理的真理と総合的真理としての算術的真理を峻別するカントへのアンチ・テーゼであった。また一方で、フレーゲが算術的真理を分析的真理へと還元しようとした認識論的論理主義者であったのに対し、ラッセルは逆に論理的真理も算術的真理と同様に総合的真理だと考えたうえでより基本的な原理を求めようとした、遡行的論理主義者であったという点で、両者はまったく異なる志向を持っていたことが近年の研究で重視されつつある。そのことを、例えばリンスキー（B. Linsky）は次のように述べている：

ラッセルは『数学の原理（*Principles of Mathematics*）』の中で、カントは間違っており「……論理学は他のすべての種類の真理とまったく同様に総合的である……」と明確に述べている。ラッセルにとっては、分析的真理は論理的な法則や定義から導出し得るものである。だとすれば、原始的な論理的諸法則はそのように導出し得ないものであり、それゆえ総合的なのである。(9)

一方、スミスとマリガン（K. Mulligan）は、フッサールの初期の現象学研究に大きく影響されたいわゆる「ミュンヘン学派」に属するライナッハ（A. Reinach）が、今示したようなラッセルと同様の見解を持っていたことを紹介している：

……ライナッハは、言語的ア・プリオリは質料的ア・プリオリから派生すると考えた。……このような、対応する文、判断、命題に対する事態（Sachverhalt）の優先性は、論理学の新たな存在論的基礎付けの必要性を含意するとライナッハは論じた。(10)

そして当然ライナッハのこうした見解は、総合的かつア・プリオリな真理の探究としてのフッサールの形式存在論研究の延長線上にあると考えて良いだろう。

2 工学的フォーマル・オントロジー

企業合併の頻発やWebの普及などによるデータベースの巨大化や流動化、情報の分散化などによって、現代は「情報爆発」の時代に突入している。その中で、できるだけ知的、効率的な情報処理を行うための情報コンテンツ基盤として最近注目されているのが「オントロジー」と呼ばれる一種の情報コンテンツであり、その開発や応用について研究する「オントロジー工学」という情報工学分野が生まれている。「オントロジー」の定義はいくつかあり、簡単にはまとめられないが、どちらかと言えば目的論的な観点からのひとつの大まかな定義は、「種々の情報データに対するメタデータを秩序的に付与していくために用いられる、高度にコントロールされた語句の体系」である。メタデータとは、個々のデータについて、そのデータがどのような意味をもつデータであるのかを記述するデータであり、オントロジー研究は、そのようなメタデータを活用することによって、主にコンピュータを介した情報処理をより効率的なものとすることを目標とする種々の情報工学的研究の一種だと言える。

例えば、現時点ではWeb上での情報検索は基本的に文字列のみに基づいてなされているため、不必要な情報が多量に獲得されてしまうが、当該の文字列に対して有効なメタデータが付されていれば、コンピュータがそれに基づいた知的処理を行い、関連する情報のみを自動的に収集することが可能になるかもしれない。また、複数の情報システム間を媒介するようなメタデータ体系を情報コンテンツ基盤として用意しておけば、そうした体系を常に参照することによって、それぞれの情報システムは維持したままで情報の相互利用を行う途が開ける。このようにして、情報システムや知識ベースにおける情報・知識の共有可能性・再利用可能性・統合性・相互操作可能性を高め、より有効な大規模・分散知識ベースや次世代Ｗｅｂ（'Semantic Web' と呼ばれることが多い）を構築していくことが期待される。したがって、オントロジー研究においては、できるだけ適切な形でメタデータを体系化し、そしてそれをできるだけ有効に活用するための方法が模索される。このような目標を持って作成されたメタデータのための用語体系が「オントロジー」と呼ばれるのである。

しかしそのような研究が哲学とどう関係しているのか？　そのことを多少なりとも直観的に理解していただくためにまずはひとつのエピソードを紹介しよう。数年前、哲学関連のメーリングリストに、Cycorp という米国のＩＴ企業の求人広告が流された。それは次のような内容のものであった。

> Cycorp は、論理学者・哲学者・言語学者・コンピュータ科学者から成る私たちのチームに加わって、世界最大の形式化された存在論とそれに付随する公理系である Cyc の開発に携わってくださる、形而上学と論理学に造詣の深い方を募集しています。採用された方は、「オントロジー技術者」の職についていただきます。その主要な応募要件は、以下のとおりです：⑴ 一般的な形而上学的区分（実体・属性・時間的部分・自然種など）への深い習熟⑵

そのような区分を常識的・実用的概念の記述へ応用する能力(3)そのような記述を述語計算文として表現できるすぐれた能力。高階論理と様相論理への習熟も望まれます。

何かの冗談かフィクションの中での話かと思われるかもしれないが、Cycorpは、知識工学関連の業界ではとても有名な企業である。(二〇〇一年時点で)従業員数七十名ほどの小企業ではあるが、社員の一人から直接聞いた話では、その六、七割が哲学科出身者だそうだ。哲学者が従業員の過半数を占めるような企業がこの現実世界に存在するというだけでも驚きである。しかもその企業が時代の最先端を行くIT企業であること、そして習熟を求められている哲学のタイプがカテゴリー論的体系を中核とする伝統的なスタイルの形而上学であるということが、どこか皮肉である。

いずれにせよ、オントロジーというものが、種々雑多で流動的な多量の情報を支えるための情報基盤として機能し得るためには、全体的視野のもとできるだけ安定的かつ客観的なメタデータ付与のための用語体系として、それを構築していく必要がある。そしてそのためのひとつの手段は、可能な限り実在全体の構造を反映した形で基礎的用語から一貫性を持って積み上げていくような語句の体系化を行っていくことである。そしてそのような体系化の作業とは、実は哲学者たちが二千年の昔から綿々と行ってきた考察、すなわち、存在論的考察ときわめて親近性が高い。だとすれば、そうした二千年以上にわたる人類の議論の蓄積を利用しない手はないだろう、ということに一部の情報工学研究者たちは気づいたのである。「オントロジー」という名称は、少なくとも部分的にはこうした経緯に由来している。

例えば、'W3 Schools' というWeb関連技術のオンライン学習ポータルのホームページ（http://www.w3schools.com/rdf/rdf_owl.asp）では、「オントロジーとは何か？（What is Ontology?）」という表題のもとで、次のように説明されている：

オントロジーは、事物と事物間の関係の正確な記述に関わるものである。(Ontology is about the exact description of things and their relationships.)

Webにとっては、オントロジーは、Web情報とWeb情報間の関係の正確な記述に関わるものである。(For the web, ontology is about the exact description of web information and relationships between web information.)

「（広い意味での）事物と事物間の関係の正確な記述」を最も一般的なレベルで試みるのが、まさしく哲学的存在論の少なくとも一部であると言ってよいとすれば、この二つの説明文は、そうした哲学的研究が情報工学的応用に結びつき得ることをきわめて簡明に示していると言えるだろう。

ただし、オントロジーには、単なる標準用語集やシソーラスのような軽量型のものから、自動推論機能を伴う分類体系や形式的公理体系のような重量型のものまで様々なタイプがある。そのうち、哲学的なフォーマル・オントロジーに関係が深いのは重量型のものである。中でも特に哲

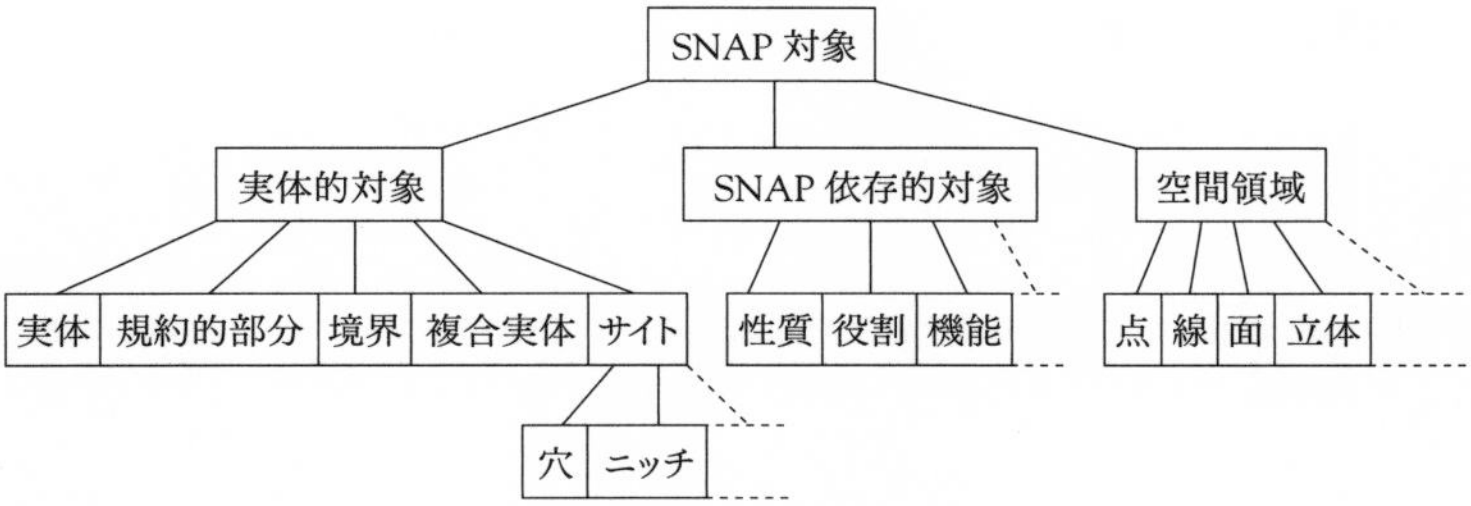

図1　SNAPオントロジー

学的形式存在論からの影響が強く見られる三つの事例を概観しながら、哲学的形式存在論のどのような側面がそこに反映されているのかを確認しよう。

1　上位オントロジー

フッサールが行った、領域中立的な「形式存在論」と各領域に固有の「質料存在論」という対比に対応する区別が、工学的オントロジーにおいても「上位オントロジー（Upper Ontology）」と「領域オントロジー（Domain Ontology）」との区別という形で採用されている。そして「上位オントロジー」とは、第1章で紹介した、領域中立的に現れる種々の「存在の形」「存在のモード」としての「カテゴリー」を探究する「カテゴリー論」の応用形態と見ることもできる。

上位オントロジーは複数存在するが、中でも最も哲学的形式存在論を反映しているのが、スミスを中心とするIFOMIS（The Institute for Formal Ontology and Medical Information Science）が開発したBFO（Basic Formal Ontology）である。BFOは、実体的対象を中心としたSNAPオントロジー（図1）と過程的対象を中心としたSPANオントロジー（図2）という二つのモデュールを基礎とし

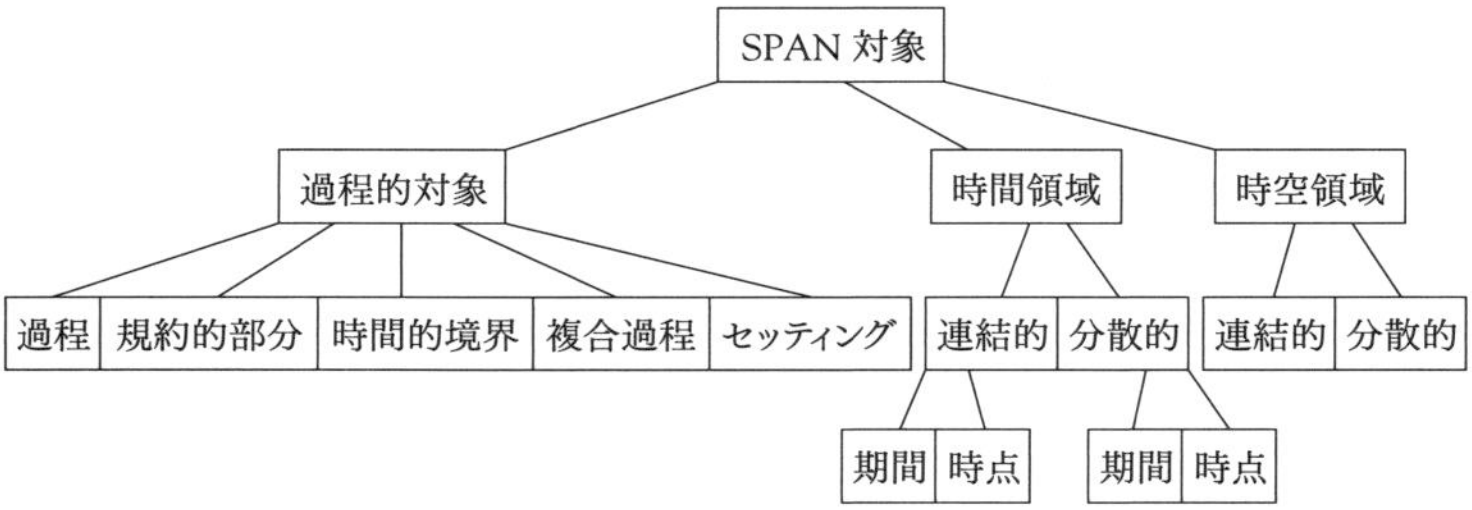

図2　SPANオントロジー

て成り立っているところに特徴がある。[11]

ＢＦＯに反映されている哲学的観点としては、次のようなものが挙げられる：(a) 基本的にアリストテレス的な常識実在論の枠組みに沿って作られている。(b) ＳＮＡＰ対象とＳＰＡＮ対象との区別は、各時点においてそのすべてが存在すると考えられるため「時間的部分（temporal part）」という概念を適用できない対象としての耐続体（endurant）と、各時点（期間）においてはその時間的部分のみが存在すると考えられる延続体（perdurant）という、持続性（persistence）に関する存在論的区別に基づいている。(c) ＳＮＡＰ対象の中での「実体的対象」と「ＳＮＡＰ依存的対象」との区別は、前者に対する後者の存在論的依存性という基礎的関係に基づいている。[12]

このように、実体を中心としたアリストテレス的な常識実在論が工学的フォーマル・オントロジーにおいては有効性を発揮しているが、特に初期のフッサールにはアリストテレス的実在論の影響が強く見られることは、スミスやマリガンが強調するところである：

第三論理学研究は、その不十分さをすべて考慮したとしても、現代においてずば抜けて最も重要な、実在論的（アリストテレス的）存在論に対する貢献を行った著作である。(13)しかし意識のかなたの世界の存在の問題については、フッサールは常識実在論の主張に対しても公正を期そうと心がけていた。(14)

そして意外かもしれないが、言語主義的側面のみが強調されがちな分析哲学についても、その発生現場においては同様の実在論的傾向が顕著であったことが、最近改めて注目されつつある。例えば（第3章一四七頁で紹介した）ツィマーマンは次のように述べている：

ラッセルとムーアは確かに自分たちを〈哲学における革命〉の一部として位置づけていた。しかし分析哲学の革命的な側面は、何よりもまず第一に、観念論を放棄して実在論を選択したことであり、そして〈新たな論理学（new logic）〉を信奉したということである。それは、伝統的な形而上学的諸問題を完全に消滅させようとしたのではなく、それらをより常識に近い――あるいは少なくともより理解しやすい（comprehensible）――形で解決しようとすることを意図した革命であった。(15)

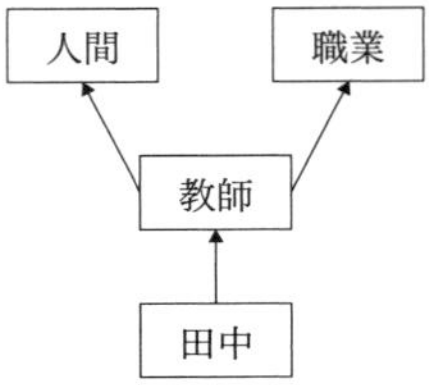

図3

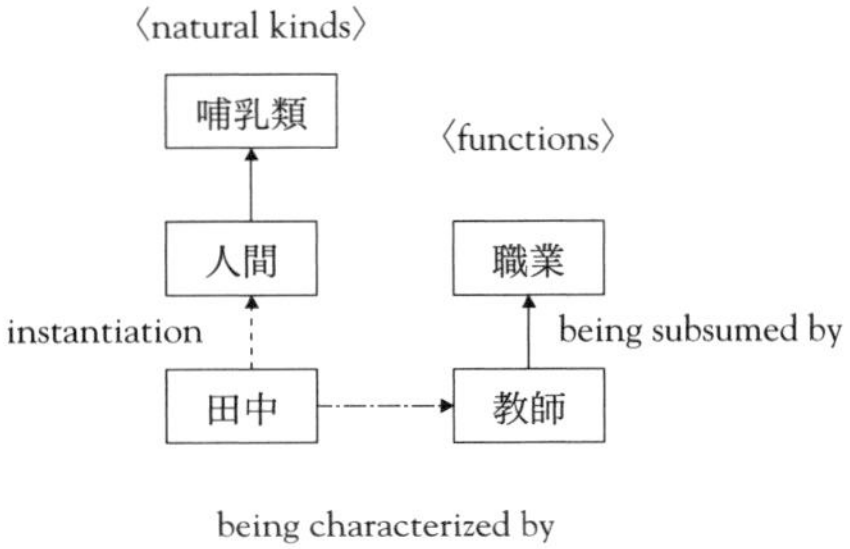

図4

2 OntoClean

特に領域オントロジーにおいて各対象を分類していく際に、「悪しき分類」を避けてできるだけ「良き分類」を行っていくための方法論としてオントロジー工学研究者のガリーノ（N. Guarino）、ウェルティ（C. Welty）らが開発したのが、OntoCleanである。[16]

悪しき分類とは、例えば図3のようなものである。これは、「田中は教師である」「教師は人間である」「教師は職業である」という三つの命題に現れる「…は〜である」という関係（Is-A関係）を一様に同じ矢印記号で表したものであるが、Is-A関係が推移的だとすると、「田中は人間である」と同時に「田中は職業である」という誤ったIs-A関係も生まれてしまう。

このような悪しき分類が生ずるひとつの理由は、「教師」という一種の機能を表す名詞と「人間」という種を表す名詞を同列に扱ってしまうことである。OntoCleanではこの両者によって表される属性の相違を、それが各可能世界間において固定的（rigid）であるか否かという様相的なメタ属性基準によって峻別したうえで、それぞれの属性の下位属性が満たしていなければならない制約条件を定めることやIs-A関係をさらに種類分けすることなどによって、こうした悪しき分類を避けていく。[17] その結果、この分類は図4のようなものに修正されることになる。[18]

このようなOntoCleanは、次のような哲学的立場に立脚していると考えられる：(a)「良き分類」と「悪しき分類」が少なくとも一定程度に客観的な基準によって定まるという、実在論的立場。(b) 固定性によって示されるような「本質的属性」が存在すると考える一種の本質主義。(c) Is-A関係のような基礎的諸関係の分析の重視。

いま述べたように、OntoCleanは、すべての可能世界において当該の対象が有しているような本質的属性とそうでない偶有的属性とが区別できると考える本質主義に基づいているが、その際、直接的に利用されている哲学的研究は、クリプキに始まる可能世界意味論に基づく様相論理やロウの本質主義的存在論など、近年のいわゆる分析形而上学的研究である。

しかし、遡ってラッセルとフッサールの存在論的立場を比較したとき、ラッセルは、内包主義者ではあったが、外的関係の理論に基づく論理的原子論によって、内的関係に含まれるような形而上学的様相は拒絶していた。[19] これに対し、初期のフッサールにおいては本質主義が彼の考察の中核にあったことをファイン（K. Fine）は次のように指摘している：

［フッサール］は、*de re* 必然的真理が、ものの本質に根ざしていると考えていた。彼はそれらの *de re* 的真理を配列していくことが存在論の重要な課題だと考えており、部分－全体に

第一項（a）	第二項（b）	基礎的関係	記号
個体	個体	a は b の個体的部分である。individual-part-of	a ≦ b
個体	普遍	a は b の実例である。instance-of	a *Inst* b
個体	集積体	a は b の要素である。member-of	a ∈ b
普遍	普遍	a は b に含まれている。taxonomic inclusion（*is-a*）	a ⊆ b
普遍	普遍	a は b の普遍的部分である。partnomic inclusion of universals	a ⊿ b
集積体	普遍	a は b の外延である。extension-of	a *Ext* b
集積体	集積体	a は b の集積的部分である。partnomic inclusion of collections	a ≤ b
集積体	個体	a は b の分割である。partition-of	a *PT* b

表1

関する自分自身の研究を、より大きなこの企ての一部にすぎないと見なしていた。(20)

そしてフッサールが重視した*de re*的様相は、上位オントロジーBFOでのカテゴリー区分の重要な基準の一つとなっていた存在論的依存性や次に紹介するような基礎的関係の形式理論における部分－全体関係の区分などにも反映されている。また、現在の内包的メレオロジーやメレオトポロジー（Mereotopology）は、フッサール型形式存在論に見られる本質主義が、ラッセル型形式存在論における形式的公理化やラッセル以後に復興した内包論理の方法論によって融合的に展開している結果だと言えるだろう。

3　基礎的関係の形式理論

学術的レベルで最も活用されているオントロジーとして、生物医学オントロジー（Biomedical Ontology）が挙げられる。主な生物医学オントロジーでは、基礎的関係としての'Is-A'関係と'Part-Of'関係が頻用されているが、スミスらはそれ

らに誤用が多いことを指摘したうえで、それらを表す用語の正確な用法を規定するための形式的公理系を提示している。(21)

彼らはまず、個体（Individual）、普遍（Universal）、集積体（Collection）という三種類の存在者を認定したうえで、それらの間で時点（Time）相対的に成立する基礎的諸関係を表1のように整理し、それぞれを記号化する。(22)

そのうえで、個体、普遍、集積体、時点という四つの量化領域を持つ多種一階論理（Many-sorted 1st-order Logic）の公理系に時間的外延的メレオロジー（Temporal Extensional Mereology）の諸公理と各基礎的関係（結果的には、時点に相対化された個体的部分関係としての「$\sqsubseteq^t$」および、「Inst」「⋐」「⫅」という計四種類の未定義語に還元される）に関する諸公理を加えた形式的公理体系を構成する。これによって例えば、普遍的部分関係を表す「人間の神経システム⊿人間」という命題は、個体としての人間から切り離されたような個体としての神経システムは存在し得ないので真であるのに対し、「人間の頭部⊿人間」は、個体としての人間の胴体から切り離された個体としての人間の頭部は存在し得るので、偽であるとされる。

このような形式体系の背後にある哲学的立場としては、次のようなことが考えられる：(a)存在論的探究の方法としての形式的公理化の重視。(b)量化対象としての個体、普遍、集積体、時点への存在論的コミットメント。(c)基礎的関係の探究におけるメレオロジーの重視。

3　代表的な形式的関係

以上、二種の哲学的形式存在論と工学的フォーマル・オントロジーへのその応用形態を駆け足で概観したが、そのいずれにおいても追究対象の中心となるのは、先ほど述べたような、超カテゴリー的・基礎的な形式的関係および属性（論理的な関係や属性も含めて）である。最後に、その中でも特に主要な形式的関係をいくつか採り上げ、それらに関する形式存在論的考察の基本的部分を押さえておくこととする。

1　部分関係

「xはyの部分である」という部分関係は、種々の具体的対象については言うまでもなく、集合や属性などの抽象的対象あるいは普遍的対象に適用される関係としても解釈し得るような一般性を持つ点で、代表的な形式的関係である。例えばアリストテレスは、「生物」と「動物」などの類と種の関係も一種の部分関係であると述べている（『形而上学』Δ1023b26）。先にも触れたように、部分関係に関する法則性を取り扱う形式理論を「メレオロジー」と呼ぶ。現代における標準的メレオロジーの中核部分は、部分関係を表す（述語）記号「P」を未定義語として導入し、「同一性を伴う古典一階（述語）論理（Classical First-order（Predicate）Logic with Identity）」と呼ばれる現代の標準的な論理体系を用いた理論として展開される。その概要は以下のとおりである[23]：

［定義］

x は y の真部分（proper part）である。〈$PPxy$〉

$\equiv_{df.}$ x は y の部分であるが、y は x の部分ではない。〈$Pxy \land \neg Pyx$〉

x と y は重複している（overlap）。〈Oxy〉

$\equiv_{df.}$ x と y の両方の部分であるようなものが存在する。〈$\exists z(Pzx \land Pzy)$〉

x と y は被覆している（underlap）。〈Uxy〉

$\equiv_{df.}$ x と y の両方をその部分とするようなものが存在する。〈$\exists z(Pxz \land Pyz)$〉

つまりこの場合の未定義語としての「部分」とは、部分として含まれるものとそれを含むものが同一である場合にも適用できる広い意味での「部分」であり、狭い意味での部分としての「真部分」は、そうした部分関係が一方向的にのみ成立するということによって定義されている。

［公理］

（A1）x は、x 自身の部分である。〈Pxx〉 ——反射性（Reflexivity）

（A2）x は y の部分であり、かつ、y は x の部分であるならば、x と y は同一である。

〈$Pxy \land Pyx \Rightarrow x = y$〉 ——反対称性（Antisymmetry）

（A3）x が y の部分であり、かつ、y が z の部分であるならば、x は z の部分である。

$\langle Pxy \land Pyz \Rightarrow Pxz \rangle$ ――推移性（Transitivity）

（Ａ４） y が x の部分でないならば、y の部分であるが x とは重複しないある対象が存在する。$\langle \neg Pyx \Rightarrow \exists z(Pzy \land \neg Ozx) \rangle$ ――強い補足性（Strong Supplementation）

（Ａ５） Φという条件を満たす対象が少なくとも一つ存在するならば、そのΦを満たすようなすべての対象（だけ）の合成であるような対象が少なくとも一つ存在する。

$\langle \exists x \Phi \Rightarrow \exists z \forall y(Oyz \Leftrightarrow \exists x(\Phi \land Oyx)) \rangle$ ――合成性（Fusion）

公理（Ａ１）～（Ａ３）によって、部分関係が一種の半順序関係（Partially Ordered Relation）として規定されることになる。これに公理（Ａ４）を加えることによって、「同一の真部分を持つ非原子的対象は、同一である」という「外延性の原理（Extensionality Principle）」が成立することになる。そして公理（Ａ５）は、複数の対象を合成するという作業によって新たな対象が少なくとも一つ得られるという意味での一種の「閉包性（Closure）」を保証する公理であり、外延性の原理と合わせると、そのようにして得られる対象が実はただ一つであることも保証される。

以上の公理によって成立する公理系をＧＥＭ（General Extensional Mereology）と呼ぶ。ＧＥＭによって規定される部分関係は、ちょうど集合論における集合間の包摂関係と同等となることが知られている（ただし、空集合に相当するものは、通常のメレオロジーには存在しない）。

2 （存在論的）依存関係

第1章におけるカテゴリー論に関する説明の中で、「実体」というカテゴリーを「境界」や「属性」というカテゴリーから区別する際に、後者がそれぞれ何らかの存在論的依存性を持つのに対し、前者はそうではない、すなわち存在論的独立性を持つ、という基準を用いた。これは、「実体」というものを、基本的にアリストテレスによる次のような定義に沿った形で規定していると言える：

というのも、他のカテゴリーはいずれも独立には存在し得ないが、実体だけは独立に存在し得るからである。（『形而上学』Z 1028a）

独立に存在し得るものと存在し得ないものがある。前者が実体である。（『形而上学』Λ 1071a）

しかし、当然のことながらここで問題になってくるのは、その場合の「独立性」とはどのようなものなのか、そして、現代的観点からしてそのような基準を満たすものが果たして存在するのか、ということである。例えば、どのような物体もそれ以外の何らかの物体に対して因果的に依存しているはずであり、それだけで存在することはあり得ないのではないか、また、この場合問題になっている依存性が因果的な依存性ではなく存在論的な依存性だとしても、その物体の真部分となっている他の物体や、その属性、時空的位置などの他の種類の存在者に依存せざるをえないのではないか、という疑問が当然生ずるはずである。例えばソクラテスが仮に実体だとすると、ソクラテスという実体が存在するならば必然的にソクラテスの人生という過程的対象も存在するし、ソクラテスが存在した場所や時間も存在する。すなわちそれらはソクラテスという実体が存在するための必要条件であるはずなので、ソクラテスという実体が他のいかなる種類の存在者にも依存しないということは言えない。

こうした問題に対処するためには、存在論的な独立性や依存性にはどのような種類のものがあり、それらは各々どのカテゴリーに関わるのかということを規定しなければならない。そのなかでも特に重要な区別が、依存性に関する次の区別である。

a　類的依存性（generic dependence）（弱い依存性）

xはその存在をタイプTの対象に依存する。

$=_{df.}$ 必然的に、xはタイプTであるような少なくともひとつのものが存在するときにのみ存在する。

b　個別的依存性（specific dependence）（強い依存性）

xはその存在をyに依存する。

$=_{df.}$ 必然的に、xはyが存在するときにのみ存在する。

つまり類的依存性とは、何かが特定の個体に対してではなく、一定の条件を満たすいずれかの個体に対してその存在を依存している場合を表している。先ほどの例に即して言えば、ソクラテスは、その存在のために彼が実際に送った人生そのものを必ずしも必要としないが、少なくとも何らかの人生は必要であるという意味で、ソクラテスの人生に類的に依存していると言える。ソクラテスが存在した場所や時間についても同様である。また例えば、ある特定の自動車は、その部分としてのエンジンがなければ全体が機能しないという点でエンジンに依存しているが、エンジンそのものが特定のエンジンでなくとも例えば同タイプの他のエンジンで代替したとしても同一性を保てるとすれば、やはりエンジンへの依存性は類的なものであることになる。

これに対し、個別的依存性とは、何かが特定の個体に依存しており、その代替は不可能であるような場合を表す。当たり前のことであるが、ソクラテスの人生は、もしもそれがソクラテスの人生でなければもはやソクラテスの人生とは言えない。つまり、ソクラテスがプラトンに代替されてしまったとしたら、もはやそれはプラトンの人生であってソクラテスの人生ではない。また、仮にソクラテスの脳をプラトンの脳で置き換えてしまったならばソクラテスは別人になってしまうと考えるのであれば、ソクラテスは自己の脳に個別的に依存していることになる。

そして、実体が独立であるというときの独立性とは、個別的依存性から免れているという意味での独立性である。個別的依存性は類的依存性よりも強い依存性であるので、それから免れているということは逆に、弱い意味での独立性を保っているということである。そしてそのような弱い意味での独立性であれば、十分に成立の余地はあることになる。このような実体の独立性の存在論的意義は、過程、できごと、(個体的)属性・関係などの種々のトロープや、事態(State of Affairs)、事実(Fact)などと呼ばれる諸々の存在者の同一性基準を与える際に、実体が中核的な役割を果たすと考え得るということである。[24]

3 「……である(Is-A)」関係

第1章の冒頭で、「……がある(存在する)」という日常文に対応する命題を列挙し、それらによって多様な存在者についての存在主張がなされることを見た。ただその場合、「……がある」という表現の意味そのものが多様であるというよりは、存在者そのものによって多様性がもたらされるのであった。これと対照的なのが、「…は〜である」という日常文に対応する命題である。というのもこちらの場合は、「…は〜である」という表現そのものに意味の多様性があると考えられるからである(もちろん、その結果として、「…」や「〜」に対応する存在者にも多様性は生ずることになる)。また、この表現によって表される関係は、先ほどのOntoCleanにおいて典型的に示されているように、工学的オントロジーにおいても用語の分類体系を形成していくために中心的役割を果たすものなので、'Is-A'関係という名称を付して特に重視されている。

まずは、「…は〜である」という形式の命題をいくつか列挙してみよう：

「豊臣秀吉は人間である」
「豊臣秀吉は武士である」

「豊臣秀吉は太閤である」
「豊臣秀吉は木下藤吉郎である」
「木下藤吉郎は足軽である」
「人間は動物である」
「動物は生物である」
「武士は身分である」
「足軽は武士である」

これらのうち、例えば「豊臣秀吉は木下藤吉郎である」は個体間の同一関係［t＝k］を表し、「豊臣秀吉は人間である」は個体と集合の要素関係［t∈H］を表し、「人間は動物である」は、集合間の包摂関係［H⊂A］を表す、という形で区別することが現代論理学の標準的意味論においては慣例である。このような区別によって、例えば次の二つの論証(1)、(2)の表面的形式は一致しているにもかかわらず、(1)は妥当であるが、(2)は妥当でないことが説明できる。

(1)　豊臣秀吉は木下藤吉郎である。
豊臣秀吉は中村藤吉郎である。
∴木下藤吉郎は中村藤吉郎である。

(2)　豊臣秀吉は人間である。
豊臣秀吉は武士である。
∴人間は武士である。

しかし、次の二つの論証(3)、(4)についてはどうであろうか。

(3)　豊臣秀吉は人間である。
人間は動物である。
∴豊臣秀吉は動物である。

(4)　豊臣秀吉は武士である。
武士は身分である。
∴豊臣秀吉は身分である。

この場合も明らかに、(3)は妥当だが(4)は妥当でない。なぜだろうか。現代の標準的意味論では、両者の相違をもたらしたのはそれぞれの第二前提、すなわち「人間は動物である」と「武士は身分である」の論理形式の相違であるとされる。というのも、前者は先ほど示したような集合どうしの包摂関係を表すのに対し、後者はむしろ、「武士」に対応する集合そのものが「身分」に対応する集合の要素であるという、集合と集合の要素関係［B ∈ M］を表すと解釈されるからである。そして、集合間の包摂関係は推移的だが要素関係は推移的ではないという理由により、論証(4)は妥当でないことが説明される。

しかし、「人間は動物である」という表現と「武士は身分である」という表現は、それほど異なるものであろうか。特に、工学的オントロジーにおいて「人間」「動物」「武士」「身分」という各用語をメタデータにおける分類のために用いるという観点からすると、「生物」には「動物」「植物」があり、さらにそのうちの「動物」には「哺乳類」「爬虫類」などがある、という分類関係と類似の構造が、「身分」には「武士」「農民」「職人」「商人」があり、さらにそのうちの「武士」には「旗本」「御家人」「足軽」などがある、という形で成立する（足軽は厳密には武士ではないそうだが[25]）。したがって、次の論証(5)は妥当なものとなる：

(5)　足軽は武士である。
　　武士は身分である。
　　∴足軽は身分である。

すると、もう一つ可能な選択肢は、論証(3)、(4)の相違を、むしろそれぞれの第一前提すなわち「豊臣秀吉は人間である」と「豊臣秀吉は武士である」との相違によってもたらされると考えることである。例えば、「必然的に、豊臣秀吉は人間である」とは言えるだろうが、「必然的に、豊臣秀吉は武士である」とは言えないだろう。これは、「豊臣秀吉は人間である」は、豊臣秀吉が人間という自然種のひとつに属する個体であるという意味で、彼が「そもそも何であるか（What it is)」という一種の本質を表すのに対し、「豊臣秀吉は武士である」は、必然的に人間であるところの豊臣秀吉が、たまたま武士という身分によって特徴づけられているという偶然的な事情（すなわち「いかにあるか（How it is)」）を表しているからだと考えられる。実際、もしも何かが例えばひまわりであるとすれば、そのようなものが豊臣秀吉だということは存在論的にあり得ないが、商人であるような誰かが豊臣秀吉であるということは少なくとも存在論的には可能であるだろう。

以上を勘案すると、先ほどの(4)の論証は、やや不自然な表現になるが、むしろ次のように解釈されるべきであることになる：

(4)' 豊臣秀吉は武士（という一種の属性）によって特徴づけられる。
武士（という属性）は身分（の一種）である。
∴豊臣秀吉は身分によって特徴づけられる。

このように、「…は〜である」という表現にも色々な種類分けが可能であり、そしてそれぞれの意味についてもいくつかの解釈があり得る。また、それらの相違は結果的に「…」や「〜」の位置に来る表現によって表される存在者の性格付けの相違にもつながることになる。このような理由により、「…は〜である」という表現も形式的関係を表す表現のひとつとして、その適切な形式化と解釈が形式存在論の課題に含まれることになるのである。

以上、「部分」、「依存」、「Is-A」という代表的な形式的関係を挙げたが、これら以外にも、第2、3章で触れた「構成」「一致」「連結」とか、現代ではどちらかと言えば論理的なものとして位置付けられることが多い「存在」や「同一」などの属性や関係も、形式存在論の研究対象だと考え得る。形式的属性および関係というものがどのような本質をもっているのか、そしてその結果としてどの範囲までがそれに含まれるのか、ということ自体も、形式存在論の（メタ的な）研究課題だと言えるだろう。

註

（1）ジャケット（D. Jacquette）も、コキャレラの「形式存在論」と類似した自らの存在論的研究を'combinatorial ontology'という用語によって表している。［Jacquette 2002］なお、以下では「形式存在論」と「フォーマル・オントロジー」の両方を同義語として用いる。

（2）コラッツォンは、これら三種類のフォーマル・オントロジーを代表する研究者たちの相関マップを作成している（http://www.formalontology.it/table_ontologists/table_01.htm）。

（3）ただし、後述するように工学的オントロジーには種々のタイプがあるし、研究者によって哲学へのコミットメントの度合いは大きく異なる。哲学的形式存在論の応用という性格が強く見られるのはあくまでも、工学的オントロジーの中でもあえて「フォーマル」と形容し得るようなタイプのもののみに限られる。

(4)[Smith 1998] p. 19.

(5)[Simons 1995] p. 81.

(6)[Russell, B. 1926] p. 67.（石本訳、一二四頁）命題としてはそれ以上分解できない単位的命題を「原子命題」と呼び、その組み合わせによってできる命題を「分子命題」と呼ぶ。

(7)[Cocchiarella 1974] pp. 29–30. なお、現代論理学で用いられる「すべてのxについて」「少なくとも一つのxについて」という表現に対応する論理記号（「量化記号（Quantifier）」と呼ばれる）の中のxを「束縛変項（Bounded Variable）」と呼ぶ。引用文中の「束縛可能な変項のタイプ」とは、このxに代入することのできる対象のタイプを表し、個体のみを許容する論理学が「一階の述語論理（First-order Predicate Logic）」、属性や関係などの普遍をも許容する論理学が「高階の述語論理（Higer-order Predicate Logic）」と呼ばれる。また、「存在論的コミットメント（Ontological Commitment）」とは、ある理論や命題の正しさを主張することによってどのような存在者を認定することになるのか、ということを表す、クワイン（W. V. Quine）に由来する用語である。

(8)[Sommers 1973] p. 173.「共範疇的」とは、おおむね「論理的」に対応する。また、「一般命題」は、「すべての……」という表現を含む命題、「単称命題」は、固有名に相当する表現を含む命題を表す。

(9)[Linsky, B. 1999] p. 141. 他に同様の指摘を行った研究として、[Irvine 1989][中川 2006]など。

(10)[Smith, Mulligan 1982] p. 48.

(11)[Grenon, Smith 2004][Grenon, Smith, Goldberg 2004] また、ＢＦＯに関するより詳細な解説としては[加地 2005a]を参照されたい。

(12)また、単に「依存的」ではなく「ＳＮＡＰ依存的」と形容されているのは、ＳＰＡＮ対象中の過程的対象も実体に依存している（すなわちそれらは「ＳＰＡＮ依存的」である）とスミスらは考えていると言える。

からである。この意味においても、実体を基礎に置く実体主義的存在論がＢＦＯには反映されていると言える。

(13)［Smith, Mulligan 1982］p. 37.

(14)［Smith 1995］p. 13.

(15)［Zimmerman 2004］p.xx. また、［加地 2004］も参照されたい。

(16)［Guarino, Welty 2000］［Guarino, Welty 2001］

(17)「各可能世界間において固定的（rigid）」とは、大まかに言えば、「どのような可能的状況においても不変である」ということである。制約条件を与えるメタ属性としては、固定性の他にも「統一性（unity）」「同一性（identity）」「依存性（dependence）」などがある。また哲学的には、「人間」「哺乳類」などの用語は、属性ではなく「種（kinds, sorts）」を表す用語として峻別すべきだという考え方もある。（ロウ、スミス、溝口など。筆者もそれに賛成。）しかし、その場合も、固定性が成立することに変わりはない。

(18)表中の'instantiation''subsumption'はそれぞれ、「実例化」「包摂性」と訳される場合が多い。また、表中の'being characterized by'は、第1章一九頁で示した「四カテゴリー存在論」の立場からすると、普遍としての「教師」をトロープとしての「(個別的)教師」が実例化し、そのトロープが「田中」という実体を「特徴づける」ということになる。このようなトロープと実体の関係は、'inherence'(「内属性」)と呼ばれる。

(19)「内包主義（Intensionalism）」とは、「外延主義（Extensionalism）」に対立する立場で、例えば命題の（絶対的）真偽や集合の要素関係だけではその意味の相違を説明できないような表現またはそれに対応する存在者を重視する立場を指す。そしてそのような意味での内包的論理語をも含む論理体系を「内包論理」と呼ぶ。また、何らかの対象の性質そのものによって必然的に成立する関係を「内的関係(Internal Relation)」、そうではない偶然的関係を「外的関係（External Relation)」と呼ぶ。

(20)[Fine 1995] p. 464. なお、「*de re* 的必然性」とは、「*de dicto* 的必然性」と対比される概念で、通常は、前者が「もの」に即した必然性、後者が「命題」に即した必然性であるという形で区別されるが、両者の正確な意味での異同についてはいくつかの議論がある。

(21)[Bittner, Donnelly, Smith 2004]

(22)Ibid., p. 38. なお、ここで想定されている'collection'は、ホフマンとローゼンクランツの場合と同様、具体的対象としての集まりなので、抽象的対象としての集合と区別するために「集積体」という訳語を用いた。

(23)以下の定式化は、[Casati, R. and Varzi, A. C. 1999](特に第三章)において用いられたものを採用した。なおここで示される公理は、メレオロジー固有の公理だけであり、論理的公理は含まれていない。また、この後の部分で山括弧〈〉内に示されているのは、第3章におけると同様、日常語の多義性によってもたらされる誤解の余地をできるだけ除去しておくため、念のために各定義を現代論理学における標準的表記によって表しておいたものにすぎないので、現代論理学に親しみのない人は無視しても構わない。

(24)実体の独立性については、[加地 2008]も参照されたい。

(25)ただし、両者の類似性がどの程度まで成立するのかという点については、いくつか微妙な問題がある。

あとがき

　唐突ながら、今から遡ること三十年前、上野動物園のパンダ、カンカンとランランは、来日してからすでに五、六年たっていたにもかかわらず、日本で唯一見られるパンダとしてまだまだ絶大な人気を保っていた。当時田舎の受験生だった私は、受験雑誌に煽られて友達とともに東京の大学を下見に行き、ついでにせっかくだからと、上野動物園のパンダ館へと向かった。そしてそこに見出したのは、「本日、パンダ館は休館です」という非情な看板であった。期待を裏切られた私たちは、その代わりに「レッサー・パンダ」という、その名前だけからしてもいかにもマイナーな動物を発見し、地元に戻って「パンダは見られなかったが、レッサー・パンダは見た」という、何とも間抜けな報告をしたのだった。

　そして時は流れ、そもそもレッサー・パンダがどのような動物だったのかも完全に忘れてしまっていた二年ほど前、突如としてレッサー・パンダが脚光を浴びた。二本脚で美しく直立する市川のレッサー・パンダ「風太」の写真と映像が、国内のみならず世界中に配信されたのだ。さらについ先日、私は滞在中のニューヨークのニュース番組で、ロングでディープなキッスをする川崎のレッサー・パンダのカップル、ユウユウとユウユウ（名前まで同じなのがご愛嬌だが、「雄雄」と「友友」だそうだ）の映像を目の当たりにしたのである。

なぜこんな話をしているかというと、本書で扱った穴と境界は、まさしく形而上学あるいは存在論の世界における「レッサー・カインズ（Lesser Kinds）」だからである。折しも、本書にも登場したスミスが編集長を務める哲学雑誌『モニスト（the Monist）』の二〇〇七年第三号の特集テーマがこの「レッサー・カインズ」であり、その特集のアドバイザーを務めたのが、これまた本書に登場したカサティとヴァルツィであった。その特集のための論文募集の文面がなかなか含蓄深いので、引用しよう：

形而上学者は巨大なカテゴリー——実体、普遍など——と特大の問題——存在、必然性、因果の性質など——を扱いがちである。しかし、その底にはよりマイナーなカテゴリーと対象（lesser categories and entities）のための豊富な余地がある。小さな、または微細な諸問題は、深い形而上学的探究への興味深い入り口となり得る。音とは何か？　穴は存在するか？　できごとは、こと的（fact-like）なのか、もの的（object-like）なのか？　影は因果的構造を持つのか？　水と空気を分かつ境界の性質は何か——それは水なのか空気なのか？　『モニスト』のこの号は、こうした諸問題を究明することによって、形而上学的関心は、重要な意味において形而上学的であることをやめることなく領域固有的（domain-specific）であり得る、という主張を追究しようと試みるものである。

本書もまさにこの募集文の最後に述べられているような精神によって書かれたと言える。パンダが動物園の大スターであることは今も揺るがない。しかし、東京という巨大都市の有名動物園でのパンダ体験以上に、市川や川崎という中小都市の小動物園でのレッサー・パンダ体験の方が、より独特な形で動物園の記憶を子供たちに強く残す、ということもあるかもしれない。ましてやレッサー・パンダが直立したり、情熱的なキスをし合うなどの印象深いパフォーマンスを見せてくれたとしたら、なおさらだろう。本書が穴と境界に関して、そしてその背後に控える広大な形而上学的・存在論的探究の領域に関して、多少なりともそれに類する印象を読者に与えてくれることを祈るばかりである。

なお、本書の第1章と付論はそれぞれ、先に出版された次の拙論をもとにして適宜改変を施したものである。特に付論については大幅な変更がなされている。

「現代的カテゴリー論の諸相」『Ratio』04号（講談社）、二〇〇七年、三三四〜三五七頁。

「フォーマル・オントロジーの諸相」『現象学年報』第23号（日本現象学会）二〇〇七年、三一〜三九頁。

また、第2章と第3章の執筆にあたっては、カサティとヴァルツィによる次の二冊の著書が最も参考になった。

Holes and Other Superficialities, The MIT Press, 1994.

Parts and Places: The Structures of Spatial Representation, The MIT Press, 1999.

彼らの主張は、穴、境界いずれに関しても、本書における探究の最終段階での批判対象であると同時に、そこまで至らせてくれる導き手となっている。

思えば、ペーパーバックの表紙に実際にいくつかの小穴をあけるという、ただその遊び心に惹かれて前者を購入したのが十二年ほど前だった。その後まさか自分自身も穴についての本を書くことになろうとは、夢にも思わなかった。この二冊は、いまや穴と境界を含めた空間的諸対象に関する哲学的（および認知論的）問題についての百科全書ともいうべき古典的地位を確立しており、現時点でこの二冊にまったく依拠せずして穴と境界について哲学的に何かを論ずることはほとんど不可能といっても過言ではないだろう。この二冊に目を通せば、本書で取り扱ったようないくつかの問題が、穴と境界を取り巻く種々の哲学的問題のほんの氷山の一角にすぎないことが実感できる。本書を読んで穴と境界に対する哲学的興味を持たれた方は、ぜひ一読されることをお勧めする（邦訳書がないのが残念である）。

最後に、本書を〈現代哲学への招待〉という素晴らしいシリーズの一冊として加えることをお許しくださった監修者の丹治信春氏、そして、すでに四年ほど前に執筆を約束しながら穴と境界という何とも捉えがたい相手に手こずって何度も執筆を中断した私を見放すことなく、ときには鋭い哲学的指摘とともにたびたび励ましてくださった春秋社の小林公二氏に、心よりお礼申し上げる。小林氏の寛容と助言がなければ、本書は存在しなかったか、いまより読みにくいものとして存在していたかのどちらかだったろう。また、先に挙げた先行論文の執筆機会を与えてくださった、鈴木泉、上田哲之の両氏と河野哲也氏、および、カサティとヴァルツィの著書をいっしょに読んでくれた、今は無きＦＲＯＧ研究会の皆さん［註：「今は無き」は「ＦＲＯＧ研究会」を修飾している。「ＦＲＯＧ」とは、'Formal and Realistic Ontologist Group' の省略形（だったはず）である］、特に草創期（と言えるほど長命ではなかったが）から付き合ってくれた染谷昌義、斎藤暢人、鈴木生郎の三氏にも感謝申し上げる。

なお、このあとがきを含めて、本書の一部は、筆者が客員研究員としてニューヨーク大学（ＮＹＵ）哲学科に滞在している間に書かれた。（ちなみに、ＮＹＵの哲学科では、スティーヴン・ホールという世界的に有名な建築家によって最近内装をリノベートされた、どことなく近未来的な趣きを含む空間の中で研究やセミナーが行われている。これも因縁なのだが、「ホール」は「穴」と光の現象的特性を活用する哲学的建築家として知られており、この哲学科の内装もウィトゲンシュタインの色彩論をモチーフにしているそうで、無数の不定形の穴があいた白い壁に豊富な内外光が多様に絡み合うようなデザインとなっている。興味のある方は次のＵＲＬをご覧ください‥http://www.stevenholl.com/project-detail.php?type=educational&id=21）その長期滞在を支援してくれた埼玉大学の同僚と学生たち、それに至る過程でご助力いただいた飯田隆氏、一ノ瀬正樹氏、ニューヨークでお世話になっているKit Fine氏、Alex Orenstein氏への謝意もここに記しておきたい。

二〇〇八年一月一日

加地大介

追記

『穴と境界』発行から復刊に至るまで

何年か前にネット検索で「エゴ・サーチ」というものをしてみたところ、「加地大介さんは穴に人生を賭けた哲学者ですが……」というような文面に行き当たった。人生を賭けたつもりはないのだが、たしかに『穴と境界』は、二〇〇八年に発行されて以来、二〇一八年に『もの――現代的実体主義の存在論』を春秋社から出版していただくまで、一〇年にわたって研究者としての私の「顔」とでもいうべき主著であり続けた。「人物の特筆性の基準を満たしていないおそれがあります」という悲しい注釈とともに私の名前が項目化されているウィキペディアでも、「生誕」「研究分野」などと並ぶ「主な概念」という小項目に「穴」とのみ記されている。今でこそ分析形而上学という分野が大手を振ってまかり通っているが、二〇〇八年頃は、我が国ではまだ分析哲学と形而上学とのミスマッチ感が多分に残存しており、ましてや、「穴」と「境界」というニッチな対象の存在論となると、それ相応のインパクトがあったようである。

ありがたいことに、発行直後、服部裕幸氏が柏端達也・谷川卓の両氏を評者とする合評会を開催してくださったり、貫成人氏が『週間読書人』における哲学書の年間回顧欄で「『微細な小問題』から形而上学の深奥に迫る」書として表紙写真とともに筆頭に挙げてくださったりした。ネット上でもどちらかと言えば好意的な感想が多く記されていたと記憶している。ただ、穴や境界の存在論が他の哲学研究者の研究テーマとなることは、その後から今に至るまで、少なくとも我が国ではほとんどなかった(これは、研究対象そのものの卑小感・辺境感のゆえに無理からぬ結果ではあるが)。しかしその中でも、私自身が穴や境界に関して再考を促されるいくつかの機会があり、また予期せぬ形で『穴と境界』がもたらした一定の反響もあった。以下では、穴と境界に関連する哲学的研究の今後の進展に多少なりとも資することを期待しつつ、同書の発行から復刊に至るまでの一五年間に起こったそうした事例を振り返っておきたい。

……………………………………2009〜2011

(1) Kachi, Daisuke, Four Kinds of Boundary : From an Ontological Point of View, *Interdisciplinary Ontology* 2, 87-90. (2009)

(2) 加地大介「穴から覗き見る物理主義」『思想』(1030), 103-125.

(3) 谷川卓「書評：加地大介著『穴と境界——存在論的探究』(春秋社、二〇〇八年)」『科学哲学』43-1, 102-106.

(4) 加地大介「穴の力」『埼玉大学紀要 教養学部』46(2), 55-71. (2010)

(5) Kachi, Daisuke, The Power of Holes, *Ontology Meeting: A supplementary volume for 2011*, 7-12.

(6) 青木洋子「食事における容器操作の縦断的研究——容器の発見と利用の過程」『質的心理学研究』(10), 25-45. (2011)

(1)(5)は、岡田光弘氏が主宰しておられたＪＣＯＲ（Japanese Centre for Ontology Research）の国際学会のプロシーディング論文である。この学会のために『穴と境界』と関わりの深いバリー・スミス、ロベルト・カサティ、アキレ・ヴァルツィの各氏が来日され、穴と境界に関して有益な議論を交わすことができた。これら各氏を前にしながら穴や境界について論を垂れるなどというのは、ほとんど「釈迦に説法」に等しい無謀であったが、「世界には、穴の物象主義者（reifier）が三人いる。それはCasati, Varzi, そしてKachiという三名であるが、皆どことなく名前が似ているのが興味深い。……」というイントロ・ジョークが結構ウケたので、それ以降、私の鉄板ネタとなっている。

(2)では、アリストテレスが純粋な形相として凹みと霊魂を並列していることなどに言及しながら、穴という非物質的な実体的対象の存在に関して種々の物理主義者・自然主義者が示すと思われる肯定的・否定的態度の二面性について分析した。その結果、現行の物理主義・自然主義においては、必ずしもそれらの定義から論理的には帰結しない原子論的・因果論的ヒューム主義、質料主義という夾雑物が大きく支配しているのではないかという推測を導くとともに、能動理性、穴、素粒子、場などの極限的存在者における傾向性質の優位性を主張した。

(4)では、(2)における考察なども踏まえながら、谷川氏による書評(3)に対して応答した。『穴と境界』では「穴とは、物体の補空間のうち、その物体に外的に連結している充填可能な形状の部分に位置する、非質料的持続体である」という形で穴を定義したが、谷川氏の批判に答える過程で、特にその中に含まれている「充填可能性」という概念の明確化の必要性を感ずることとなった。その結果、充填可能性を固性の対極に位置する極限的かつ創発的な力能（傾向性）として規定し、それに基づいて穴を一種の極限的な物理的対象として捉えられることを示した。そして最終的に穴を「（諸）物体の補空間のうちその（諸）物体に外的に連結している部分に、その（諸）物体の形状や配置に依存して創発する、充填可能性という力能（傾向性）を持つ非質料的持続体」として再定義した。

(6)は、（書評(3)を除けば）本文中で『穴と境界』が参照されたおそらく最初の学会誌論文である。それが哲学関連ではなく心理学関連であったことは意外であったが、筆者の青木氏とは、村田純一氏が主宰しておられた二〇一〇年末の「EcoTec 研究会」でお会いした。当時彼女は、アフォーダンス論で著名な佐々木正人氏のもとで研究されていた大学院生であった。村田氏から「『穴と境界』の影響を受けつつ乳幼児が容器を取り扱う仕方に関する発達研究をしている人がいるので、ともに発表してくれないか」と依頼を受け、彼女と私がそれぞれ(6)(4)に関わる発表を行った。(6)は、容器が(凹みとしての)穴の一種と言えることに着目して、穴の利用という観点から乳幼児による容器の取扱方を分析するユニークなアプローチを取り入れており、質的心理学会の「学会賞 優秀着眼・発想論文賞」という栄誉に浴したようである。

(7) 加地大介「虹の本質——穴と虹と鏡像そして音」『埼玉大学紀要 教養学部』48(1), 49-57. (2012)
(8) 加地大介「虹と鏡像の存在論」『部分と全体の哲学——歴史と現在』(松田毅編、春秋社) 197-228. (2014)

2012〜2014

二〇一二年四月二一日、私は哲学会主催の「カント・アーベント」に出席し、飯田隆氏によるウィットと哲学的示唆の両方に溢れた印象的な講演「虹と空の存在論」を聴いた。そして虹について哲学するなどということは夢にも思い至らなかった無教養な私は、興奮のあまり、質疑応答の時間に「虹は一種の鏡像と見なせるのではないか」という赤っ恥な発言をしてしまった。そしてそれを挽回せねばならぬという衝動に駆られて大急ぎで書いたのが、(7)である（「恥の払拭」という欲求は、とても良い「論文作成動機」となるようだ）。

そうしていたところ、同年一一月に、『穴と境界』を読んでくださったという松田毅氏から、氏が代表研究者となっている科研費の共同研究「メレオロジーとオントロジー——歴史的探究と現代的分析」のためのワークショップ「MOW（Mereology and Ontology Workshop）」で何か話してくれないかというお誘いを受けた。そこで「たまたま、最近『虹』についてのささやかな存在論的考察を行った論文（＝(7)）を書いたのだが、そんな内容でも良いか」とお尋ねしたら快諾してくださったので、氏が勤務されている神戸大で翌年一月一三日に発表を行った。(8)は、そのMOWに関連した研究者たちが寄稿して発行された書の第2部第3章として発表された論文である。

このような事情で、最初は虹と鏡像の存在論的性格の比較、といった局所的な関心から出発したのだが、色々考察しているうちに、光によってもたらされる物理現象の結果として発生する、物体ではないのに一種の耐続者と思われるような〈ものもどき〉としての「現象的対象」全般に関する存在論的考察として一般化できるのではないかと思い始めた。その結果、虹と鏡像の他に「影」も比較考察の対象として加わることとなった。そして、二次元的な「自己影（背面影）」・「投射影」と三次元的な「影領域」という三種類の影のうち、特に影領域は、「光領域（＋物体）」とでもいうべき領域の中の一種の（空洞としての）穴と見なせるという点から、俄然として穴の存在論との関連性が浮かび上がった。かくして、後付けではあるが、穴・境界のような「依存的耐続者」としての〈ものもどき〉と虹・鏡像・影のような「現象的耐続者」としての〈ものもどき〉を包括する〈一般的ものもどき論〉とでもいうべき形で、私の関心がさらに一般化されたということになる。

その結果導かれたのが、次のような結論である――虹の場合は〈各観測者にとってそれが存在するように見える位置においては実際に光線の反射・屈折という物理現象が起きているが、その個体としての切り出され方が観測依存的である〉という理由でその実在性が否定されるのに対し、鏡像の場合は〈個体としての客観性は成立しているが、それが存在するかに見える位置においては関連する物理現象もそれを起こす傾向性の所有者も存在しない〉という理由でその実在性が否定されるという点で、非実在性の由来に関する対照性が両者の間には認められる。この意味で、虹も鏡像も私たちが知覚に導かれて創り出した非実在的な〈ものもどき〉であるという点では共通しているが、その非実在性の主たる所以は、虹の場合は一種の〈形相性〉の欠如であるのに対し、鏡像の場合は一種の〈質料性〉の欠如であるのだとも言える。これに対して、影（や穴）は〈形相性〉と〈質料性〉という両条件を辛うじて満たす、あるいは少なくとも、満たすと見なしうる、という理由で実在的と判定しうる。ただしその場合、〈質料性〉という概念を〈素材性〉から切り離して、不在因果の担い手として一種の力能を認めうるという意味での〈力能性〉として、一般化しなければならない。

以上のような考察にどれほど哲学的意義があるかについての判断は皆さんにお任せするが、ちょっとした偶然の機会が研究を予期せぬ形で展開させる、という一例にはなるかと思われる。本家本元の飯田氏はその後、二〇一九年に『虹と空の存在論』（ぷねうま舎）を出版され、私は二〇二一年にそれに対する書評を書いた（『科学哲学』53(2), 324-327）。松田氏も二〇二一年に『夢と虹の存在論――身体・時間・現実を生きる』（講談社選書メチエ）を出版された。少なくとも三名の〈虹の存在論〉研究者が我が国にはいるわけで、「哲学的虹論」とでも呼ぶべき研究分野があるとすれば、我が国は世界の先進地域だと言って良いだろう（笑）。

2016〜2018

(9) Kraus, Lukas Benedikt, *Ontologie der Grenzen der Ausgedehnter Gegenstände*（延長的対象の境界の存在論）, De Gruyter. (2016)

(10) 芝垣亮介・奥田太郎（編）『失われたドーナツの穴を求めて』さいはて社。

(11) 柏端達也『現代形而上学入門』勁草書房。

(12) 加地大介「穴の物象性と因果性」『現代思想』（一二月臨時増刊号：総特集 分析哲学）45(21), 70-88. (2017)

(13) 加地大介「書評：柏端達也著『現代形而上学入門』（勁草書房）」『図書新聞』(3335), 3-3. (2018)

『穴と境界』はおそらく二〇一五年前後に品切れとなり、同書にまつわる動きもようやく落ち着いたかと思っていた矢先、なぜか突如として二〇一七年に同書をめぐる疾風怒濤の状況が出来した。⑼を知ったのも⒀を依頼されたのも同年である。また同年五月一五日には、来日されたスティーヴン・マンフォード氏（後述する⒂の著者）を迎えて森岡正博氏が主宰された「無」をテーマとするTokyo Philosophy Project ワークショップで、「The Reality of Holes」と題する依頼発表を行った。「反響は忘れた頃にやってくる」というのが同年の所感であった。

⑼の著者ルーカス・クラウス氏は、ボルツァーノ解釈を主とする研究者のようである。その第七章「メレオトポロジー（Mereotopologie）」第三節「混合的アプローチ（Gemischte Ansätze）」中の7・3・2節「四種類の境界（Vier Arten von Grenzen）」が、上記⑴で展開した私の境界理論（『穴と境界』第3章で示した理論の縮約版）の紹介とそれに対する批判的検討に充てられている。彼は、スミス&ヴァルツィの境界理論（Fiat and Bona Fide Boundaries, 2000）における境界の分類法に対する私の異論には賛成しながらも、境界を非物質的対象として捉える両理論を一括し、物理主義者として反対した。

⑽は、言語学（芝垣氏）・哲学（奥田氏）を初めとして、人類学・歴史学・社会学・経済学・数学などの研究者たちが、自らの専門分野の方法論を用いつつドーナツ

と穴について口々に論じた、遊び心満載のユニークな書である。表紙右上のドーナツの絵の中央部分から同書を貫く(トンネルとしての)穴を開けるという荒技が施されている。執筆者たちは「ドーナツの穴制作委員会」なる会のメンバーということになっており、書中で『穴と境界』は同会の「バイブル」として紹介されている。私は同会の「最高顧問」(とはいえ、顧問は一人しかいないので「最低顧問」でもあるのだが)に任命され、同書に対しても「本書の穴を埋める」と題する「特別寄稿」を行った。

⑾では、その第2章「個物の限界——穴とアキレス草の話」において穴の存在論が取り扱われている。柏端氏は「『穴と境界』があったから、この章のテーマを穴にした」と書かれており、光栄なことである。しかし、そこでは穴の実在性・穴の回転不可能性という私の主張がいずれも否定されており、とうてい承服できるところではなかった。そこで書評⒀において、まずは主に前者に関する反論を紙幅の許す範囲で行っておいた。後者に関する反論もいずれ改めて行いたい。

上記のマンフォード氏は、ワークショップで提示した私の穴理論に興味を示してくださり、その後も穴の存在論をめぐってメールで何回かやりとりを行った。それも踏まえつつ書かれた⑿では、マンフォード氏の力能因果論に基本的に与しながらも、彼による不在因果の非実在性の主張に異を唱え、致命的真空や穴にまつわるいくつかのできごとを、実体的対象としての真空・穴の力能によって引き起こされる単称的・実在的因果関係によって解釈すべきであると主張した。この論文では、上記のような「質料」概念の一般化の結果、「非質料的」を「無素材的」に変更するとともに『穴と境界』で用いていた「形相体」という用語も封印し、穴を次のように再々定義した。「穴とは、充填可能性（fillability）という力能を所有する無素材的な持続（耐続）体であり、その力能は、（単数または複数の）物体の形状と配置によって、その物体の補空間中の〈物体に外的に連結した部分〉に創発する。」これが、現時点で私が採用している穴の「実在的定義」である。

2021〜2022

⒁ 谷川卓「穴の存在論の哲学的意義」『科学哲学』54(2), 51-70. (2021)

⒂ Mumford, Stephen, *Absence & Nothing: The Philosophy of What There is not*, Oxford University Press. (2022)

⒁は、我が国の哲学関連の学会誌に掲載された、私以外の研究者によるおそらく最初の（そして現時点では最後の）穴を主題とする論文である。その著者が結局のところ上述の『穴と境界』合評会での評者でもあり書評⑶の著者でもある谷川氏であったことは、いかに〈穴の存在論〉研究が普及しなかったかを象徴する事態ではあるが、ともあれ『穴と境界』から一三年を経てようやくのその掲載は個人的には感慨深いこ

とであった。しかしその中では、私による穴の物象性と因果性の主張がいずれも否定されており、こちらについてもとうてい承服できるところではなかった。谷川氏に対してもいずれ何らかの形で反論したい。

⒂は、「無」という主題を形而上学全体のなかでももっとも難しいものの一つだと考えるマンフォード氏が、三〇年にも及ぶ「無」との格闘の末にようやく出版に漕ぎ着けた集大成の書である。その第三章「無-対象(Non-entities)」第二節「無-存在(Non-beings)」の中の3・2・1節が穴を主題としており、その中で上記⑸が二度参照されている。谷川氏とは対照的に、マンフォード氏は穴の物象性も因果性も承認してくれたのだが、穴が「不在(absence)」の一種であるということを否定することによって、穴がもたらす因果的事象を不在因果の範疇から排除した。私としては、現時点では、穴の〈無素材性〉さえ確保できれば穴の〈不在性〉の真正さにはさほど執着がなく、むしろその否定によって穴の物象性や因果性をためらいなく主張できることを歓迎する。ただ、不在因果全般を単なる「説明」の一方法として解釈し、その実在性を認めないというマンフォード氏の主張については、改めて検討したい。

＊

というわけで、現時点においても柏端・谷川・マンフォード(およびクラウス)の各氏の議論に対して反論・検討を行うという課題が残されており、私はいまだ完全には「穴から抜け出せていない」。今回の復刊はそのような課題を改めて思い起こさせてくれる機会となり、また、旧刊での印刷上の誤りや表現上の拙さを修正・改善できる機会ともなった。このような機会を与えてくださった小林公二氏をはじめとする春秋社の皆さんに対し、創業一〇五周年のお祝いとともに、心よりお礼申し上げる。

改めて振り返ってみると、私の最初の単著である『なぜ私たちは過去へ行けないのか――ほんとうの哲学入門』（哲学書房、二〇〇三年）は、〈ものならぬもの〉としての時間・空間が主題であったが、『穴と境界』を嚆矢とする〈ものもどき〉研究を経て、ようやく二〇一八年の『もの』に至ったと言える。実際、『もの』のあとがきでも書いたが、「穴と境界」は企画段階ではあくまでも副題として想定されており、当初の本題は『〈もの〉とは何か』だった。『穴と境界』は、実体主義的形而上学を成熟させていく私の研究過程での中継地点として機能してくれたわけである。それのみならず、勝手ながらこの追記でお名前を挙げさせていただいた研究者の皆さんは、その大半が『穴と境界』が引き合わせてくれた方々である。『穴と境界』は、私の研究の幅も広げてくれたのである。やっぱり、穴に人生賭けて良かった。いや、賭けてはいないのだが……。

二〇二三年一月吉日

加地大介

索引

あ行

か行

さ行

た行

な行

は行

ま行

や行

ら行

わ行

参考文献

[Armstrong, D. 1980] Identity through Time, in [van Inwagen (ed.) 1980], pp.67–78.

[Bittner, T., Donnelly, M., Smith, B. 2004] Individuals, Universals, Collections: On the Foundational Relations of Ontology, *Proceedings of FOIS 2004* (Varzi, A. C., Vieu, L. eds.), pp. 37–48, IOS Press.

[Callender, C. 2001] Humean Supervenience and Rotating Homogeneous Matter, *Mind*, 110–437, 2001.

[Casati, R. and Varzi, A. C. 1994] *Holes and Other Superficialities*, The MIT Press.

[Casati, R. and Varzi, A. C. 1999] *Parts and Places: The Structures of Spatial Representation*, The MIT Press.

[Casati, R. and Varzi, A. C. 2004] Counting the Holes, *Australasian Journal of Philosophy*, 82, pp. 23–27.

[Chisholm, R. M. 1989] *On Metaphysics*, University of Minnesota Press.

[Chisholm 1992] The Basic Ontological Categories, in [Mulligan (ed.) 1992], pp. 1–13.

[Chisholm 1994] Ontologically Dependent Entities, *Philosophy and Phenomenological Research*, 54–3, pp. 499–507.

[Chisholm 1996] *A Realistic Theory of Categories: An Essay on Ontology*, Cambridge University Press.

[Cocchiarella, N. 1974] Formal Ontology and the Foundations of Mathematics, *Bertrand Russell's Philosophy*, pp. 29–46, Duckworth.

[Davidson, D. 1965] Theories of Meaning and Learnable Languages, in [Davidson 1984], pp. 17–36.

[Davidson D. 1984] *Inquiries into Truth and Interpretation*, Oxford University Press.

[Fine, K. 1995] Part-whole, *The Cambridge Companion to Husserl* (Smith B., Woodruff D. S. eds.), pp. 463–485, Cambridge University Press.

[Frank, A. *et al.* (eds.) 2001] *The Life and Motion of Socioeconomic Units*, Taylor and Francis.

[Gibson, J. J. 1979] *The Ecological Approach to Visual Perception*, Houghton Mifflin.〔邦訳：『生態学的視覚論——ヒトの知覚世界を探る』, J. J. ギブソン著, 古崎敬他訳, 1985, サイエンス社.〕

[Grenon, P., Smith, B. 2004] SNAP and SPAN: Towards Dynamic Spatial Ontology, *Spatial Cognition and Computation*, 4-1, pp. 69-104.

[Grenon, P., Smith.B., Goldberg, L. 2004] Biodynamic Ontology: Applying BFO in the Biomedical Domain, *Ontologies in Medicine* (Pisanelli, D. M., ed.), pp. 21-38, IOS Press.

[Guarino, N., Welty, C. 2000] Towards a Methodology for Ontology Based Model Engineering, *Proceedings of the ECOOP-2000 Workshop on Model Engineering.*

[Guarino, N., Welty, C. 2001] Supporting Ontological Analysis of Taxonomic Relationships, *Data and Knowledge Enginnering*, 39, pp.51-74.

[Hahn, L. (ed.) 1997] *The Philosophy of Roderick Chisholm*, Open Court.

[Haldane, J. 2007] Privative Causality, *Analysis*, 67-3, pp.180-186.

[橋本幸士 2006]『D ブレーン——超弦理論の高次元物体が描く世界像』, 東京大学出版会.

[Hoffman, D. D. and Richards, W. A. 1984] Parts of Recognition, *Cognition*, 18, pp.65-96.

[Hoffman, J. and G. S. Rosenkranz 1994] *Substance among Other Categories*, Cambridge University Press.

[Hoffman, J. and G. S. Rosenkranz 1997] *Substance: Its Nature and Existence*, Routledge.

[Irvine, A. D. 1989] Epistemic Logicism and Russell's Regressive Method, *Philosophical Studies*, 55, pp.303-327.

[Jacquette, D. 2002] *Ontology*, McGill-Queen's University Press.

[Johansson, I. 1989] *Ontological Investigations: An Inquiry into the Categories of Nature, Man and Society*, Routledge.

[加地大介 2004] 分析哲学における伝統的形而上学の復興,『現代思想』(青土社), 32-8, 166-178 頁.

[加地大介 2005a] オントロジー構築のための実在論的方法論,『人工知能学会誌』, 20-5, 595-603 頁.

[加地大介 2005b] 時制と実体,『埼玉大学紀要（教養学部)』, 41-1, 1-14 頁.

[加地大介 2007a] 種的様相の論理と形而上学,『埼玉大学紀要（教養学部)』,

42-2，1-14 頁.
［加地大介 2007b］フォーマル・オントロジーの諸相，『現象学年報』（日本現象学会），23，31-39 頁.
［加地大介 2007c］現代的カテゴリー論の諸相，『Ratio』（講談社），04，334-357 頁.
［加地大介 2008（予定）］現代的実体主義の諸相——実体の独立性をめぐって，『哲学の探求』（若手哲学研究者フォーラム），35.
［金子洋之 2006］『ダメットにたどりつくまで——反実在論とは何か』，勁草書房.
［柏端達也，青山拓央，谷川卓（訳）2006］『現代形而上学論文集』，勁草書房.
［Kline, A. D. and Matheson, C. A. 1987］The Logical Impossibility of Collision, *Philosophy*, 62, pp. 509–515.
［Lewis, D. and Lewis, S. 1970］Holes, *Australasian Journal of Philosophy*, 48–2, pp. 206–212.
［Lewis, D. and Lewis, S. 1996］Casati and Varzi on Holes, *The Philosophical Review*, 105–1, pp. 77–79.
［Linsky, B. 1999］*Russell's Metaphysical Logic*, CSLI.
［Loux, M. J. 1998］*Metaphysics: A Contemporary Introduction*, Routledge.
［Lowe, E. J. 1989］*Kinds of Being: A Study of Individuation, Identity and the Logic of Sortal Terms*, Basil Blackwell.
［Lowe, E. J. 1998］*The Possibility of Metaphysics: Substance, Identity, and Time*, Oxford University Press.
［Lowe, E. J. 2002］*A Survey of Metaphysics*, Oxford University Press.
［Lowe, E. J 2006］*The Four-Category Ontology: A Metaphysical Foundation for Natural Science*, Oxford University Press.
［MacCurdy（ed.）1938］*The Notebooks of Leonard da Vinci*, Reynal and Hitchcock.
［Martin, C. B. 1996］How It is: Entities, Absence and Voids, *Australasian Journal of Philosophy*, 74–1, pp. 57–65.
［溝口理一郎 2005］『オントロジー工学』，オーム社.
［Mulligan, K.（ed.）1992］*Language, Truth and Ontology*, Kluwer Academic Publishers.
［Mumford, S. 1998］*Dispositions*, Oxford University Press.
［Mumford, S.（ed.）2003］*Russell on Metaphysics: Selections from the Writings*

of Bertrand Russell, Routledge.
［中川大 2006］論理的真理は総合的か――ラッセルの論理主義，『思想』（岩波書店），987，73-87 頁.
［Robinson, D. 1989］Matter, Motion, and Humean Supervenience, *Australasian Journal of Philosophy*, 67-4, pp. 394-409.
［Russell, B. 1895］The Free-Will Problem from an Idealist Standpoint, in［Mumford（ed.）2003］, pp. 25-36.
［Russell, B. 1926］*Our Knowledge of the External World. Revised ed.*, George Allen and Unwin.〔「外部世界はいかにして知られうるか」，石本新訳，『世界の名著 70: ラッセル、ウィトゲンシュタイン、ホワイトヘッド』，1980 年，中央公論社〕
［Simons, P. 1995］New Categories for Formal Ontology, *Investigating Hintikka*（Haller, R. ed.）, pp. 77-97, Rodopi B.V..
［Smith, B., Mulligan, K. 1982］Pieces of a Theory, *Parts and Moments: Studies in Logic and Formal Ontology*（Smith, B. ed.）, pp.15-109, Philosophia Verlag.
［Smith, B. 1995］Introduction, *The Cambridge Companion to Husserl*（Smith B., Woodruff D. S. eds.）, pp.1-44, Cambridge University Press.
［Smith, B. 1997］Boundaries: An Essay in Mereotopology, in［Hahn（ed.）1997］, pp. 534-561.
［Smith, B.1998］Basic Concepts of Formal Ontology, *Proceedings of FOIS 1998*（Guarino, N. ed.）, pp. 19-28, IOS Press.
［Smith, B. and Varzi, A. 2000］Fiat and Bona Fide Boundaries, *Philosophy and Phenomenological Research*, 60-2, pp. 401-420.
［Smith, B. 2001］Objects and Their Environments: From Aristotle to Ecological Ontology, in［Frank *et al.*（eds.）2001］, pp.79-97.
［Sommers, F. 1973］Existence and Predication, *Logic and Ontology*（Munitz, M. K. ed.）, pp. 159-174, New York University. Press.
［Somoraji, G. A. 1978］Surface Science, *Science*, pp. 201-211.
［Stroll, A. 1988］*Surfaces*, University of Minnesota Press.
［Strawson, P. F. 1959］*Individuals: An Essay in Descriptive Metaphysics*, Methuen.〔邦訳：『個体と主語』，P. F. ストローソン，中村秀吉訳，1978，みすず書房〕
［菅野礼司，市瀬和義 2005］『相対性理論』，PHP 研究所.
［竹内薫 2005］『ループ量子重力入門――重力と量子論を統合する究極理論』，

工学社.
[van Inwagen, P.（ed.）1980] *Time and Cause: Essays Presented to Richard Taylor*, D. Reidel.
[Varzi, A. C. 1997] Boundaries, Continuity, and Contact, *Noûs*, 31-1, pp. 26-58.
[Westerhoff, J. 2005] *Ontological Categories: Their Nature and Significance*, Oxford University Press.
[Whitehead, A. N. 1919] *An Enquiry Concerning the Principles of Human Knowledge*, Cambridge University Press.
[Whithead A. N., 1920] *The Concept of Nature*, Cambridge University Press.
[Zimmerman, D.W. 1996] Indivisible Parts and Extended Objects: Some Philosophical Episodes from Topology's Prehistory, *The Monist*, 79-1, pp. 148-180.
[Zimmerman, D. W. 2004] PROLOGUE: Metaphysics after the Twentieth Century, *Oxford Studies in Metaphysics*, 1, pp. ix-xxii, Oxford University. Press.

著者紹介

加 地 大 介　*Daisuke Kachi*

1960年、愛知県に生まれる。1983年、東京大学教養学部（科学史学哲学科）卒業。1989年、東京大学人文科学研究科博士課程（哲学専攻）単位取得退学。2007-2008年、ニューヨーク大学、ダラム大学（いずれも哲学科）客員研究員。現在、埼玉大学大学院人文社会科学研究科教授。博士（文学）。専門は形而上学および論理哲学。主な著書に、『なぜ私たちは過去へ行けないのか——ほんとうの哲学入門』（哲学書房、2003年）、『もの——現代的実体主義の存在論』（春秋社、2018年）、『論理学の驚き——哲学的論理学入門』（教育評論社、2020年）などがある。

「現代哲学への招待」は、日本哲学界の重鎮・丹治信春先生の監修で、丹治先生の折紙付きの哲学書を刊行してゆく〈ひらかれた〉シリーズです。Basics（優れた入門書）Great Works（現代の名著）Japanese Philosophers（気鋭の日本人哲学者）Anthology（アンソロジー）の4カテゴリーが、それぞれ、青、赤、紫、緑の色分けで示されています。

丹治信春＝1949年生まれ。東京大学大学院理学系研究科博士課程（科学史・科学基礎論）単位取得退学。博士（学術）。現在、東京都立大学名誉教授。専門は、科学哲学・言語哲学。

HOLES AND BOUNDARIES:
An Ontological Investigation
by Daisuke Kachi

published in Japan
by Shunjusha Publishing Company, Tokyo

現代哲学への招待 Japanese Philosophers

穴と境界——存在論的探究［増補版］

2008年3月21日　初　版第1刷発行
2023年1月20日　増補版第1刷発行

著者————加地大介
発行者————神田　明
発行所————株式会社 **春秋社**
〒101-0021 東京都千代田区外神田2-18-6
電話 03-3255-9611
振替 00180-6-24861
https://www.shunjusha.co.jp/
印刷・製本————萩原印刷 株式会社
装丁————芦澤泰偉

ISBN978-4-393-32907-8
定価はカバー等に表示してあります

Invitation to
CONTEMPORARY
PHILOSOPHY

シリーズ「現代哲学への招待」監修者のことば

二〇世紀から今世紀にかけての、さまざまな分野における科学の進展と、驚くべき速度での技術の発展は、世界と人間についての多くの新しい知見をもたらすとともに、人間が生きてゆくということのありかたにも、大きな変化をもたらしてきました。そして現在も、もたらしつつあります。こうした大きな変化のなかで、世界と、そのなかでの人間の位置について、全体的な理解を得ようと努める哲学の営みもまた、変革をつづけています。人類史上はじめてというべき経験が次々と起こってくる現代において、最も基本的なレベルにおける理解を希求する哲学的思索の重要性は、ますます高まっていると思います。

シリーズ「現代哲学への招待」は、そうした現代の哲学的思索の姿を、幅広い読者に向けて提示してゆくことをめざしています。そのためにこのシリーズは、「現代哲学の古典」というべき名著から、一般読者向けの入門書まで、また、各分野での重要な論文を集めて編集した論文集や、わが国の気鋭の哲学者による著書など、さまざまな種類の本で構成し、多様な読者の期待に応えてゆきたいと考えています。

丹治信春

Basics
E・コニー＋T・サイダー／小山虎訳
形而上学レッスン　存在・時間・自由をめぐる哲学ガイド

神の存在、必然性と可能性、自由意志と決定論など、古代から哲学者を悩ます難問中の難問を分析哲学の手法で読者と一緒に楽しく考えるアメリカン・スタイルの全一〇章。　3520円

Basics
A・ローゼンバーグ／東克明＋森元良太＋渡部鉄兵訳
科学哲学　なぜ科学が哲学の問題になるのか

科学になぜ哲学が必要か？　ヘンペルやファン・フラーセンからパラダイム論やソーカル事件、フェミニスト科学哲学まで、すべての哲学ファンに贈る概説書。　4180円

Great Works
D・デイヴィドソン／津留竜馬訳
真理と述定

プラトン以来哲学を悩ます「述定」の問題。個物と普遍はどう関係するか、名前と述語はどう関係するか、をめぐって展開する難問に意表をつく解決策を提示する。　3520円

Great Works
A・クラーク／呉羽真＋久木田水生＋西尾香苗訳
生まれながらのサイボーグ　心・テクノロジー・知能の未来

「人間は生まれながらのサイボーグだ！　これは科学的真理である」。最新テクノロジーと人間の融合の齎す未来を探究、人間の本質に肉薄する現代人のための哲学。　3850円

Great Works
D・アームストロング／秋葉剛史訳
現代普遍論争入門

古代以来の難問・普遍の問題を現代哲学はどう解くか。トロープなど新しい道具立てもとり揃え、分析形而上学の巨匠が学説を明快に整理、謎の本質に迫る。　3850円

Great Works
M・ダメット／金子洋之訳
思想と実在

実在論者は自分を神の視点に置く。それは傲慢の罪である。だが神ですら答えを知らぬ問いはある。その問いには元々答えがないのだから。重鎮ダメットの哲学講義。　2970円